Frau mit Hund

Frau mit Hund

Ein Buch wie ein Köter

Mit Illustrationen von Kathrin Mitschke

F&O

Impressum

Bibliografische Informationen der Deutschen Nationalbibliothek
Die Deutsche Nationalbibliothek verzeichnet diese Publikation in der Deutschen Nationalbibliografie; detaillierte bibliografische Daten sind im Internet über http://dnb.d-nb.de abrufbar.

ISBN: 978-3-95693-040-9 (Print), 978-3-95693-041-6 (E-Book)

Illustrationen: Kathrin Mitschke

www.fredundotto.de

Inhaltsverzeichnis

Vorwort

Dieses Buch wird Sie ärgern. Dieses Buch wird Sie zum Schmunzeln, vielleicht sogar zum Lachen bringen. Dieses Buch wird Sie nachdenklich machen. Dieses Buch wird Sie nerven. Dieses Buch wird Sie freuen. Dieses Buch wird Sie ein Stück begleiten.

Und vielleicht fragen Sie sich auch, warum Sie dieses Buch gekauft haben. Und vielleicht freuen Sie sich auch, dieses Buch gekauft zu haben.

Dieses Buch ist wie ein Hund. Nicht immer bequem, aber ziemlich ehrlich und sehr direkt. Hin und wieder anspruchslos. Mitunter auch anstrengend. Es bewegt. Genau wie ein Hund.

Die Geschichten sind wahr. Lediglich dem Schutz von Hund und Mensch geschuldet, sind hier und da literarische Freiheiten eingebaut. Einen erzieherischen Anspruch haben sie nicht, die Geschichten. Die Idee dahinter ist eine unterhaltende.

Was das Buch auf keinen Fall möchte, ist Vorurteile schüren. Der Leser ist gebeten, nicht mit dem Finger auf den Anderen zu zeigen und „Du musst“, „Du sollst“ oder „Du kannst doch nicht“ zu raunen.

Mit dem Finger an die eigene Nase scheint die bessere Idee. Denn gerade von diesen Hundehaltern haben wir in Park und Wald genug. Die ungefragten und meist selbsternannten Hundetrainer, die aufgrund einer Momentaufnahme anfangen, Probleme zu lösen, die nicht ihre sind.

Wir sind schon besonders, wir Hundehalter. Irgendwie besonders.

Leckerli

„Ihr Hund hat da einen Haufen hingemacht.
Möchten Sie den nicht entfernen?“
„Nö. Das mache ich nur im Sommer.“
„Aha. Warum?“
Empört: „Na, da stinkt das doch!“

Gioia

Sardinien, italienisch Sardegna, ist – nach Sizilien – die zweitgrößte Insel im Mittelmeer. Die Ägypter nannten sie „Schardana“, die Euboier „Ichnoussa“ und die Griechen „Sandalyon“, da ihre Form an einen Fußabdruck erinnnert. Sardinien gilt als Naturreservat, in dem Tausende seltener Tiere und Pflanzen unter Schutz gestellt sind.

Hunderte von Straßenhunden fallen leider nicht unter diesen Schutz. Ganz im Gegenteil. So abgehalftert dieser Satz auch sein möge, aber sie kämpfen jeden Tag aufs Neue um Ihr Überleben. Während die Schönen und die Reichen sich in den 4 und 5 Sternehotels der Costa Smeralda ein Glas Champagner zum Frühstück bestellen, wühlen

Straßenhunde in ihren Abfällen. Sie werden vertrieben, sie werden vergiftet, sie werden gequält, denn sie passen nicht in das Bild dieser wunderbaren Insel. Die Straßenhunde Sardiniens polarisieren. Sie stellen zwei Welten gegenüber, die so gar nicht zusammenpassen wollen. Also besser weg damit.

Gioia war eine von ihnen. Sie gehörte zu den „glücklichen" Hunden, die es durch tierliebe Menschen bis ins Rifugio Olbia, in das Hundeheim in der Nähe des Flughafen (www.lidaolbia.it), geschafft haben. Der Preis für eine einigermaßen sichere Umgebung und tägliches Futter war das Eingesperrtsein sein. Tagtäglich landeten die Augen, sobald sie nach einer unruhigen Nacht geöffnet wurden, auf dem Maschendrahtzaun, der die 5 x 5 Meter Lebensraum begrenzte. Fressen, spielen, sich lösen, schlafen, urinieren und immer wieder durch den Zaun starren, alles auf 5 x 5 Metern. Tagein, tagaus.

Nun ist Gioia in Berlin. Der Weg vom Trauma zum Traum war kürzer als befürchtet. Gioia stand im Internet unter „Zuhause gesucht". Wie so viele andere Hunde auch. Man kommt sich vor, als ob man sich im Internetversandhaus eine Jeans bestellt. „Nö, der ist zu groß. Rüde sollte es ja eh nicht sein. Doch lieber was Kleines? Oder die hier? Ach ne, die ist ja noch nicht kastriert! Ach, die ist süß… oh, erst 5 Monate alt. Das macht doch viel zu viel Arbeit mit einem Welpen. Also kurzhaarig sollte sie sein, kastriert und maximal 1 – 2 Jahre alt." Man ekelt sich vor sich selber. Das ist Tierschutz? Indem man nach Aussehen geht? Nach Alter? Nach Geschlecht? Also noch mal geschaut.

Angelica. Die ist so unscheinbar. Die nimmt bestimmt keiner. Die fällt ja gar nicht auf. Also... dann die! Angelica.

Neues Leben, neuer Name. Das italienische „Gioia“ bedeutet „Freude“ und Angelica gehört der Vergangenheit an.

Gioia hat keine spektakuläre Vergangenheit, wie so viele andere Hunde. Sie wurde offensichtlich nicht gequält, hat keine schlechten Erfahrungen mit Männern gemacht, behandelt große, kleine, dicke, dünne, helle oder dunkle Menschen alle gleich. Gioia war nicht unheilbar krank, wurde nicht angeschossen, verbrannt oder angefahren. Sie lebte nicht in den Fängen skrupelloser Menschen unter unwürdigen Bedingungen. Gioia ist einfach nur ein unscheinbarer Straßenhund, der im Tierheim landete. Punkt.

Aber für mich ist Gioia das Glück auf vier Pfoten.

Gioia fällt auf der Hundewiese nicht unbedingt auf. Es sei denn, man macht sich die Mühe, den Hunden nicht nur zuzuschauen, sondern sie zu beobachten. Dann sieht man das ausgeglichene Wesen im Spiel dieser wunderbaren Hündin. Dann fällt auf, dass sie eine mehr als ausgeprägte soziale Ader zeigt und im Umgang mit allen anderen Hunden umsetzt. Dann sieht man die Schlichterin, die dazwischen geht, wenn es zwischen anderen Hunden „kracht“.

Gioia vereint so viele Eigenschaften, die ich mir für mich wünschen würde. Wo ich längst schon über Hund oder Herrchen gerichtet habe, geht Gioia offen auf die Menschen zu oder uninteressiert an ihnen vorüber. Wenn ich das doch auch so könnte. Gioia geht auch schlechter Laune aus dem Weg. Auch meiner!

Gioia hat gelernt, das Beste aus einem Tag zu machen. Wenn sich keiner um sie kümmert, dann tut sie es eben selber. Und wenn man sich um sie kümmert, dann genießt sie das genauso.

Gioia ist transparent, Gioia ist ehrlich, Gioia ist, wie sie ist und versucht nicht, etwas anderes zu sein.

Was ich mir für mich auch oft wünsche. Wenigstens manchmal… hin und wieder. Einfach nur sein und in mir ruhen. Selbstzufrieden, unkritisch. Die Dinge nehmen, wie sie sind und das Beste daraus machen.

Ich könnte jetzt erzählen, wie spannend es war, die ersten Fortschritte in der Erziehung zu machen. Wie Gioia zum ersten Mal über eine grüne Wiese peste und sich im Gras wälzte. Wie sie gelernt hat, immer besser zu gehorchen und Männchen machen konnte oder Sitz und Platz. Ja, alles schön.

Aber das Schönste, was Gioia für mich macht, ist das, was sie aus mir macht. Runterkommen ist wohl das passendste Wort dafür.

Sie zeigt mir sehr deutlich, wenn eine Kommunikation mit mir nicht lohnt, weil ich genervt oder angespannt bin. Wenn man besser einen Bogen um meine Stimmung machen sollte, dann tut sie das ganz einfach. Sie holt mich wieder runter und „belohnt" mich mit ihrer Freundschaft und ihrem Gehorsam, wenn ich es mir verdient habe. Wenn ich für sie einen respektablen Rudelführer abgebe, dann ist sie auch mehr als bereit, mir zu folgen.
Als Dank darf sie nicht bei mir im Bett schlafen,

hat keinen Platz neben mir auf dem Sofa oder bekommt ihr Futter auch nicht vom Tisch, wenn ich esse. Als Dank dafür schaffe ich für sie klare Regeln und versuche, so gut ich es kann, auch für sie transparent zu sein, damit sie sich bei mir wohl fühlt.

Gioia hat ihre Aufgaben in unserem kleinen Rudel, die ihrem Wesen entsprechen.

Da sie nicht gerne mit Bällen spielt, quäle ich sie auch nicht mit Apportierspielen oder Dummy-Übungen, nur weil ich das vielleicht schön fände.

Gioia hat eine ausgesprochen gute Schnüffelnase. Daher darf sie sich bei Schnüffel- und Fährtensuchspiele auspowern, auch wenn das für mich einen gewissen Aufwand bedeutet.

Gioia geht es gut, wenn sie ausgelastet ist. Daher darf sie mich zum Joggen begleiten, auch wenn ich dann immer wieder stoppen muss, weil sie mit einem anderen Vierbeiner spricht.

Gioia liebt Leckerli und löst dafür gerne Aufgaben. Daher darf sie als Therapiehund mit ins Seniorenheim und für Frolic & Co. die alten Menschen erfreuen.

Gioia liebt Wiesen und Maisfelder. Daher finden unsere Spaziergänge oft außerhalb der Stadt statt, auch wenn ich dafür hin- und hergurken muss. Gioia geht gerne jagen. Darüber reden wir in einer anderen Geschichte.

Gioia ist eine kontaktfreudige Hündin und wir versuchen, in Freilaufgebieten diesen Kontakt zu anderen Hunden zu fördern.

Das ist das Mindeste was ich für Gioia tun kann.

Das ist das Mindeste, was ich für mich tun kann.

Leckerli

„Lassen Sie ihre Hunde ruhig los.“
„Nein. Das tue ich lieber nicht. Die sind im Erstkontakt etwas schwierig.“
„Das macht nichts. Meiner kann dann endlich mal sehen, wie das ist.“
„Aha. Die Lektion müsste ich Ihnen aber berechnen.“
„…?“

Schafft Deutschland sich wirklich ab oder war Winnetou doch kein Indianer?

Ein fröhlicher Frühlings-Sonnen-Sonntag lockt mich und meine Hündin raus in die weite Welt der Pankower Grünanlagen. Heute lassen wir das Auto mal stehen und genießen die nähere Umgebung. Es ist noch früh am Morgen und wir hegen die Hoffnung, wenige Familien mit kleinen Kindern und Präventiv-Alle-Hunde-Sind-Kampfhunde-Trauma zu treffen.

Stattdessen treffen wir unterwegs Doreen mit ihrem Vierbeiner, einem dicken Kumpel meiner Hündin. Gemeinsam setzen wir den Weg Richtung Bürgerpark fort, gut gelaunt und fröhlich schnatternd, wie es sich für anständige Hundebesitzerinnen an einem sonnigen Sonntag gehört. Im Bürgerpark angekommen, toben unsere Fellpfoten erst einmal ordentlich über das satte Grün der Wiese. Eigentlich wollen wir noch weiterziehen in die Schönholzer Heide, aber lassen wir die Beiden doch erst einmal toben und schauen mit einem verzückten Lächeln dabei zu.

Nach wenigen Minuten gesellt sich ein älterer Herr mit seinem Rüden zu uns auf die Wiese und setzt auch gleich mit dem Ballspiel ein. Doreen und ich schauen uns an; Augenbrauen hoch, Mundwinkel nach unten, Augen verdreht. Wir verstehen uns. Klarer Fall von Balljunkie. Dieser Hund wird, ein Hoch auf unsere Vorurteile, einige Zeit damit verbringen, seinem Beuteverhalten zu frönen und dem Ball hinterher zu hecheln. Und Herrchen wird – stolz wie Bolle – zehn, 20, 30, 50 mal den Ball werfen und sich freuen, was für einen ausgelasteten Hund er später wieder mit nach Hause bringen wird.

Aber da haben beide die Rechnung ohne Gioia gemacht. *La Gioia*, möchte man fast sagen, wenn man sieht, wie athletisch sie sich in die Flugbahn des Balles schraubt, diesen aus der Luft angelt, fest zwischen die Hauer nimmt und – ab damit.

Doreen und ich stehen inzwischen mit verschränkten Armen da und schauen als selbsternannte Sonntagmittaghundeflüsterer dem Ganzen amüsiert zu. Oh ja, wir sind stolz auf Gioa, mächtig stolz. Und weder Doreen noch ich kommen auch nur ansatzweise auf die Idee, ihr den Ball wieder abzunehmen. Warum denn auch? Zum einen, um allen Ungehorsamspeinlichkeiten aus dem Weg zu gehen. Und zum anderen ist der Mann selber schuld. Kommt auf eine Wiese, auf der schon zwei Hunde toben und fängt mit dem Ballspiel an. Dass das Probleme gibt, das dürfte ja mal klar sein.

Das sieht der Herr allerdings zunächst einmal anders. Er hat offensichtlich extrem viel Hundeerfahrung sammeln dürfen im Laufe seines Lebens, das bereits deutlich länger andauert als unseres. Und das müsste sich auf jeden Fall bis zu Gioia herumgesprochen haben. Und wenn nicht, dann merkt das ein Hund ja offensichtlich sofort an Mimik und Gestik, woran er bei diesem Manne ist. Daher schreitet er auch sogleich strammen Schrittes auf Gioia zu und schmettert kurz vor ihr ein munteres „Aus!“ über die Wiese.

Wow!

Doreen und ich schauen uns an.
Noch unsicher, was das jetzt werden soll.

Gioia hingegen bleibt relativ unbeeindruckt, da sie weder Befehl noch Mann kennt. Dass sie aber den Ball behalten möchte, das weiß sie ziemlich genau und passt die letzte Sekunde ab, bevor die Hand des Mannes sich ums Bällchen im Mäulchen schließen kann und rennt mit diesem in die andere Ecke der Wiese.

Mann gibt nicht so leicht auf und läuft energischen Schrittes hinterher. „Aus!“, tönt es von 100 Metern auf 9 Uhr.

Gioia legt den Kopf schief, grinst, lässt die Zunge heraushängen und wiegt den Gegner kurz in Sicherheit. Aber schon Sekunden später ist sie wieder mit dem Ball auf und davon.

Der Mann schreitet hinterher, ach was, er rennt geradezu. Ich sehe Doreen fragend an.

„Wir sind weit und breit die einzigen Menschen hier auf der Wiese weit und breit. Wir haben jeder eine Hundeleine in der Hand. Da liegt doch die Vermutung nahe, dass das unsere Hunde sein können. Oder?“

„Jawoll!“

„Warum spricht der Mann nicht mit uns?“

„Keine Ahnung!“

„Aha.“

„Der will das offensichtlich alleine schaffen!“

„Na gut!“

Um ein langes Drama abzukürzen, es ging noch einige Male hin und her, denn wer es einst mit dem Panzer bis nach Stalingrad geschafft hat, der wird vor einem lausigen Vierbeiner nicht klein beigeben. Die Aggressivität des Mannes stieg dabei exponential zu Gioias Sprintstärke.

Als guter Rudelführer sah ich mich irgendwann genötigt, meinen Hund vor den speichelzersetzten Befehlen des Mannes zu schützen und stoppte diesen mit einer leichten Berührung an seinem Arm und dem Satz „Entschuldigen Sie, das ist mein Hund. Vielleicht kann ich Ihnen ja…“.

Weiter kam ich nicht. Der Mann schlug meinen Arm weg, als hätte ich ihn durch bloße Berührung verbrannt. Mit wutverzerrtem Gesicht quetschte er folgenden Satz durch die Dritten: „Ach Du, lass mich. Du bist doch auch nur so ein Mischblut!“ (Meine Wurzeln liegen zu 25 % in Amerika, in Afro-Amerika, um genau zu sein. Anm. d. Red.)

Stille.

Stille.

Immer noch Stille.

Ich starrte Doreen an. Doreen starrte mich an.

Und dann spürte ich es.

In mir.

Ein Schrei machte sich breit.

Worte formten sich in meinem Kopf.

Stiegen langsam vom Bauchraum in das Zwerchfell und weiter am Kehlkopf entlang in die Mundhöhle. In mir schrie es ‚NEIN! Ich bin kein Mischblut. Ich bin ein MUGGEL!‘

Heraus kam allerdings ein munteres „Heil Hitler!“ gefolgt von einer adäquaten Bewegung meines rechten Arms.

Schließlich haben wir Mischblüter über Jahre gelernt, uns ratz fatz den äußeren Umständen anzupassen. Sonst hätten wir nie so lange überleben können. Charles Darwin. Survival of the fittest.

Das funktioniert bei den menschlichen Mischblütern übrigens genau so wie bei den hündischen, zu denen meine Gioia unglücklicherweise auch zählt.

Oh je, darauf musste ich den armen Mann umgehend aufmerksam machen. Sonst würde er noch denken, es läge an ihm, dass der Hund nicht hört.

„Übrigens ist mein Hund auch ein Mischblut! Die kann Sie gar nicht verstehen“, versuchte ich dem Mann das ungebührliche Verhalten meines unrassigen und respektlosen Vierbeiners zu erläutern.

Und mit Blick auf seinen Hund „Na, der scheint mir aber auch nicht ganz arisch zu sein, was!“

Doreen war immer noch sprachlos. Gioia hatte irgendwann keine Lust mehr auf das Spiel mit dem Paradebeispiel deutscher Leitkultur und ließ den Ball wundersamerweise vor meinen Füßen fallen. Ich hob ihn auf und – wumm – stand schon das Herrchen vor mir. Nun kam wieder der Hundeflüsterer in mir zum Zuge. Thema: Reizkontrolle. Erst Fein machen, dann Belohnung.

„Möchten Sie sich jetzt vielleicht mal entschuldigen?“

„GEBEN SIE MIR DEN BALL!“

„Na na, wer wird denn da unhöflich werden?“

„GEBEN SIE MIR SOFORT DEN BALL!“

Wieder zuckte es in meinem rechten Arm und der Ball flog einige Meter hinter den Mann.

Lächeln bei mir.

„Na hopp. Hol’s Bällchen!“

Leckerli

Nehmen Sie bitte Ihren Hund zurück. Ich habe Angst um meine Kinder!“
„Statistisch gesehen werden Kinder weitaus häufiger durch häusliche Gewalt verletzt als durch einen Hund. Schönen Tag noch!“

Nahidioterfahrung

Wenn man im Wedding wohnt, dann kommt man in den Genuss von günstigem Wohnraum, den man sich in der Größe im reichen Zehlendorf sicher nicht leisten könnte.

Man darf Tag für Tag Nachbarn genießen, mit denen man im Leben keinen Kaffee trinken gehen würde. Stellt sich die Frage, ob die überhaupt jemals Kaffee trinken oder ihrem Körper ausschließlich flüssige Nahrung in Form von Bier „in Flasche“ – ein unabdingbares Accessoire hier im Kiez – zukommen lassen.

Man sieht Menschen, bei denen man sich fragt, wie sie in diesem Zustand überhaupt noch lebensfähig sind.

Man badet in dem selbst gewählten Leid, tagein, tagaus, mal mehr, mal weniger schlimm.

Für mich ist der ganz persönliche Vorteil vom Wohnen im Wedding die Nähe zu meinem Arbeitsplatz, die wahrhaftig noch günstigen Mietpreise und die Tatsache, dass man als Hundebesitzer hier überhaupt nicht auffällt. Leider? Gott sei Dank?

Und solange der Leidensdruck noch nicht groß genug ist, werde ich auch erst mal bleiben. Vielleicht so lange, bis ich zu tatterig und alt geworden bin, um das Pfefferspray zu halten. Wer weiß?

Die Tatsache, dass hier jeder einen Hund hat, stellt aber auch gleichzeitig ein Problem dar. Zumindest wenn man sich mit Hundeerziehung, artgerechter Haltung und Tierschutz auseinandersetzt. Dann sollte man auf großen Wohnraum pfeifen und schleunigst in den Grunewald ziehen.

Oder – alternativ – sich eine „Hab ich nicht gesehen"-Mentalität zulegen, von der ich allerdings noch meilenweit entfernt bin, wie mir heute wieder erschreckend klar wurde.

Wie jeden Morgen spazierte ich mit meiner Hündin in Richtung Bürgerpark / Schönholzer Heide. Irgendwann tauchten vor mir zwei junge Männer mit insgesamt drei Hunden auf. Alles stolze Kaliber, wie es sich für richtige Kerle gehört. Der eine hatte einen doppelt gesicherten Rottweiler an der kurzen Leine und der andere eine Dogge und einen Dalmatiner, die entspannter neben ihm liefen, wie es schien. Mit Abstand ging ich hinter der

Combo her, da wir erstmal den gleichen Weg hatten und mir der Rottweiler nicht ganz geheuer war. Ha, wie blöd von mir.

Als die Dogge sich hinhockte, um einen respektablen Haufen auf den Bürgersteig zu setzen, sah ich meine Chance zum Überholen, was ich auch tat.

Der Kollege mit dem Rottweiler war schon auf der anderen Straßenseite, während sich sein Kumpel noch mit zwei Leinen und einem Kotbeutel abmühte.

Dafür übrigens meinen Respekt. Hätte nicht gedacht, dass der den Haufen wegmacht. Oder zumindest den Versuch unternimmt, denn es sollte anders kommen! Ich ging meines Weges, fühlte mich aber durch einen kleinen Aufruhr in meinem Rücken genötigt, mich noch einmal umzusehen.

Hoppala… der Meter Dogge lag auf einmal auf dem Asphalt und Herrchen kniete über dem Bello und würgte ihn an der Kehle. Aha…erzieherische Maßnahme: der berühmt berüchtigte Alphawurf. Mir war sofort klar: Ich hatte hier einen Profi vor mir.

Ich denke mir „Melanie, geh weiter, das geht dich nichts an!“, drehte mich um und lief einige Meter meines Weges. Eine Kraft, gegen die ich mich nicht wehren konnte, zwang mich aber dazu, mich nochmals umzudrehen. Könnte aber auch das Geräusch gewesen sein, dass der Dalmatiner gemacht hat, als er dem Beispiel der Dogge folgend, von dem

Meister der Hundeerziehung seitlich auf den Asphalt geknallt wurde.

Die Nummer mit „geh weiter, das geht dich nichts an“ war an dieser Stelle aufgebraucht und ich merkte, wie ich mich umdrehte und auf diese lustige Gruppe zuging.

‚Freundlich, Melanie, freundlich… mit motzen kommste nicht weiter‘ denke ich noch als ich mich die Worte sprechen höre: „Hallo! Es ist ja eigentlich nicht meine Art, mich einzumischen (glatt gelogen, aber der kennt mich ja nicht), aber ich könnte dir vielleicht einen Tipp geben, wie du deine Hunde erziehst, ohne ihnen die Rippen zu brechen!“

Dazu ein freundliches Lächeln mit kleinmädchenhaft zur Seite geneigtem Haupte. Soll ja bei manchen Männern ziehen die Masche. ‚Auch bei dem’, dachte ich gerade zu Ende, als mir ein unüberhörbares: „GEHEN SIE DOCH EINFACH WEITER!“ entgegenwehte.

Hui… der war für Tipps wohl erst mal nicht offen oder stand noch unter Erziehungsstress. Jeder hatte eine zweite Chance verdient und das von ihm gewählte „Sie“ machte mir Mut und schürte die Hoffnung, es hier mit einem kultivierten Menschen zu tun zu haben. So sprach ich todesmutig weiter: „Kein Grund zur Aufregung. Ich will nur helfen und habe vielleicht echt einen guten Tipp. Man kann doch mal miteinander reden, oder?“

„Nein!“

Kann man nicht!

Das, was der kleine Mann mit der großen Hundeerfahrung mir nun entgegenschleuderte, grenzte schon fast an Unhöflichkeit.

Gut!

Man kann nicht jede Schlacht gewinnen, die Hunde standen wieder und schienen unverletzt. Und dennoch…

„Pass mal auf, wenn Du Hilfe brauchst, es gibt da eine gute Hundeschule in… !"

Was soll ich sagen. Ungezogen wurde ich gar rüde oder von Rüde unterbrochen, denn das Bürschchen ließ die Leine seiner Dogge los, zeigte mit ausgestrecktem Arm auf mich und meinen Hund und schmetterte ein fröhliches „SCHNAPP SIE DIR!" in den Novemberregen.

Ich wusste zu dem Zeitpunkt, dass der Herr der Hunde nicht Herr der Lage war und konnte nicht abschätzen, ob es seinem Hund ähnlich geht. Die Dogge aber ganz Dogge trottete freundlich auf uns zu und setzte zum gutgelaunten Beschnuppern an. Uff.

Der Rottweiler auf der anderen Straßenseite hätte die Nummer sicher anders gelöst.

Ich brachte mich zwischen meine Hündin und Dogge und scheuchte letztere, sicher zum gesammelten Stolz meiner Hundetrainerin, wenn sie das hätte sehen können, weg. Und die Dogge folgte und zog sich zurück.

Blick auf Bürschchen „Siehste! Geht doch ganz einfach!" Lächeln.

Zumindest bei mir.

Mr. Hundeflüsterer rastete nun völlig aus und schrie: „Verpiss dich, du F…“

Konrad Adenauer hatte Recht. Machen Sie sich erst mal unbeliebt, dann werden Sie auch ernst genommen. Vier Jahre nach dieser Begegnung habe ich den Wedding verlassen.

Leckerli

„Du bist aber ein Hübscher!“
„Hübsche!“
„Ach so. Na dann bist Du aber eine Hübsche!“
„Oder meinten Sie den Hund?“

Hund à la carte

Ich habe jahrelang einen ausländischen Tierschutzverein unterstützt. Meine Hündin habe ich höchstselbst in Olbia auf Sardinien abgeholt. Mein Rüde ist auch von dieser italienischen Insel.

Der Import von ausländischen Hunden wird mal mehr, mal weniger diskutiert. Wie überall gibt es auch hier schwarze Schafe, die aus Profitgier oder aus falsch verstandener Tierliebe keine gute Arbeit leisten. Dann wird auf Teufel komm raus vermittelt. Vor- und Nachkontrollen fehlen genau so wie ausführliche Beratungsgespräche. So wird im schlimmsten Fall aus einem vermittelten Hund ein Wanderpokal. Oder er kommt gleich unter die Räder deutscher Qualitätsautos, da ein lockeres Halsband nicht ausreicht, wenn der unbekannte Auspuff knallt, die noch nie gehörte Fahrradklingel scheppert oder überraschend Plastik im Gebüsch raschelt.

Seriöser Tierschutz ist beratungsintensiv, anstrengend, zeitraubend. Bei Erfolg herzerweichend, energiespendend und einfach nur schön. In der Regel ist er aber zu 100 % ehrenamtlich und knallt einem mit all seinen Anforderungen in das alltägliche Leben.

Wenn dann der normale Menschenverstand aussetzt, die Müdigkeit an einem zehrt und die Emotionen oberhand gewinnen, dann wird aus dem Profi ein Nervenbündel, aus einer gedankenlosen Anfrage eine dämliche und die flache Hand schlägt knallend an die Stirn. Und dann möchte man mal, befreit von allem was muss und dem, was man nicht tut, frei von der Leber weg, antworten. In der Hoffnung, dass es einem hilft. Und man tut es doch nicht. Außer für ein Buch wie dieses hier. Also, da kam sie, diese Mail:

Von: „Frauke Reistig"
An: <melanie@sardinienhunde.de>
Datum: Mittwoch, 28. September 2011 16:33
Betreff: Der Welpe Sandor
(Originaltext. Namen geändert)

Hallo Frau Knies,

ich habe von einer Bekannten von der Sardinienhunde Seite gehört.

Ich möchte schon immer einen Hund haben. Die täglichen Situationen haben es aber nie erlaubt. Ich bin ledig, habe zwei Katzen und wohne noch in einer ca. 65 m² großen Wohnung.

Ich bin viel mit Pferden unterwegs und könnte es mir gut vorstellen Hundebesitzer zu werden. Ich bin in einer Umschulung, könnte den Hund aber ggbf.in der Zeit unterbringen. Ich habe auch vor in ein Haus um zu ziehen.

Eigentlich stand der Plan mit dem Hund für irgendwann an, aber wie das dann so ist, wenn man Sie mal gesehen hat. Vorraussetzung wäre, dass der Hund nicht zu aktiv ist, da ich nicht jeden Tag 3 Stunden spazieren gehen kann. Ebenso muss er sich mit Katzen verstehen, neben dem Pferd laufen und auch mal alleine sein können. Sandor oder die Schwester finde ich toll.

Erstmal möchte ich mal ein bißchen über sie erfahren und wissen, wie lange man die Möglichkeit auf eine Reservierung hat. Da ich gerne erstmal umziehen möchte bzw. eine reale Aussicht auf eine passende Wohnung oder Haus haben. Über einige Vorabinfos wäre ich dankbar.

Mit freundlichen Grüßen
Frauke Reistig

Liebe Frau Reistig,

vielen Dank für Ihre Nachricht und Ihr Interesse an unserer Arbeit und unseren Hunden.

Wir würden uns freuen, wenn einer unserer Schützlinge ein neues Zuhause bei Ihnen fände. Das hört sich ja alles einfach perfekt an. Es ist wirklich selten, dass Bewerber auf Anhieb alle Kriterien erfüllen, die man als zukünftiger Hundebesitzer mitbringen sollte.

Aber zunächst möchten wir Ihnen erstmal Ihre Fragen beantworten, bevor es dann ans Eingemachte geht.

Ihre Wohnsituation stellt für einen Hund keinerlei Problem dar. Ob nun 65 oder 165 m^2, das ist nicht entscheidend. Platz findet sich doch in der kleinsten Hütte.

Dass Sie viel mit Pferden unterwegs sind, ist perfekt. Wir sind überzeugt, dass Sandor das auch toll findet. Gerne bereiten wir ihn auf seine zukünftige Aufgabe als Pferde-Begleithund bereits vor. Wir haben, wie auf unserer Homepage unter „wichtig zu wissen“ steht, ca. 700 Hunde in unserem Tierheim in der Vermittlung und weitere geschätzte 30 auf den Pflegestellen. Mit unseren vier freiwilligen Helfern vor Ort stellt es daher für uns kein Problem dar, den Wünschen der zukünftigen Besitzer Rechnung zu tragen. Das versteht sich doch von selbst. Wenn Sie erlauben, werden wir Sandor auch bereits an Katzen gewöhnen, damit Sie damit keine Schwierigkeiten haben. Sie sollten ja durch die Ankunft eines Hundes aus dem ausländischen Tierschutz keinesfalls in Ihrem täglichen Ablauf beeinträchtigt werden und sich auch weiter auf Ihre Umschulung konzentrieren können.

Es liegt ja in der Natur der Sache, dass man nach einer Umschulung sich oftmals auf einen neuen Job einstellen muss. Wie spannend für Sie. Da kommt ja eine aufregende Zeit auf Sie zu. Und dann noch ein neuer Hund – super.

Und bitte machen Sie sich keine Gedanken um die Unterbringung des Hundes, wenn Sie mal nicht da sind. Wir gewöhnen unsere Hunde generell daran, bis zu sechs Stunden alleine zu bleiben, ohne irgendetwas zu zerstören oder Laut zu geben.

Und keine Angst – Sandor wird nicht zu aktiv sein. Ein kleiner chirurgischer Eingriff an der Wirbelsäule wird dafür sorgen, dass der Hund nach einer Stunde Bewegung solche Schmerzen bekommt, dass er nur noch liegen kann. So kann man die Aktivität eines Hundes wunderbar kontrollieren.

Dass Sie irgendwann in ein Haus umziehen möchten, finden wir sehr schön. Und wir fänden auch die Entscheidung gut, dass erst zu machen, wenn der Hund da ist. Gemeinsame Erlebnisse dieser Kategorie sind absolut fördernd für die Bindung zwischen Mensch und Hund. Wenn der Hund mitbekommt, was für einen Stress und eine Arbeit Sie auf sich nehmen, wird er Ihnen dafür ewig dankbar sein. Und machen Sie sich keine Sorgen. Ein Hund, der jung von der Mutter getrennt und ausgesetzt wurde, auf einer Pflegestelle in Sardinien aufwuchs, dann mit dem Flugzeug nach Deutschland transportiert wurde und in ein neues „Rudel" kam, der ist Veränderungen gewohnt und kann extrem gut damit umgehen.

Wir hoffen, wir konnten mit unseren Zeilen restliche Unklarheiten beseitigen. Dürfen wir denn Sandor nun für Sie reservieren? Auf Wunsch und gegen geringen Aufpreis behandeln wir den kleinen Kerl auch gerne mit entsprechenden Hormonen, damit das Wachstum und die Reife zum Stillstand kommen und Sie Sandor dann so bekommen, wie er jetzt ist und wie Sie sich in ihn verguckt haben. Sie sollen als neue Besitzerin ja auch in den Genuss des Aufwachsens kommen.

Ist denn die Fellfarbe so recht? Wenn nicht, dann könnten wir Ihnen noch eine Komplett-Beige-Färbung anbieten oder auch gerne schwarz, wobei diese Farbe nicht so beliebt ist.

Es gibt auch die Möglichkeit einer Echthaarverlängerung. Überlegen Sie ganz in Ruhe. Dank der Hormonbehandlung haben wir ja Zeit.

Zu guter letzt möchten wir Sie noch auf unsere Geld-zurück-Garantie hinweisen, mit der Sie bei uns absolut kein Risiko eingehen.

Sie haben die Möglichkeit, Hunde aus unserem Verein bis zu einem Jahr nach Adoption wieder zurückzugeben, sollte es trotz intensiver Vorbereitung des Hundes zu einem Verhalten kommen, das Sie nicht wünschen.

In diesen Fällen wird der Hund innerhalb von 24 Stunden von uns bei Ihnen abgeholt und Sie bekommen die Schutzgebühr inklusiver einer Aufwandsentschädigung in Höhe von 30 Euro pro Monat zurück.

Dürfen wir sonst noch etwas für Sie tun, Frau Reistig?

Viele Grüße

Leckerli

„Ist das ein Rüde?“
„Nein.“
„Ist das dann eine Hündin?“
„...“

Scharfe Schafe

Endlich Urlaub. Wer hätte das gedacht? Wir haben es nach Schleswig-Holstein geschafft. Nach wochenlangem Studium einschlägiger Hundereiseportale im Internet und der ernstzunehmenden Anregung, eine Internetpolizei einzurichten, die Homepages verbietet, die offenbar nur dem Ziel dienen, den User zu verwirren und alle notwendigen Informationen nicht preiszugeben… ähm, wie war der Satzanfang?

Also wir haben ein Feriendomizil ganz nach unseren Vorstellungen gefunden. 2500 m^2 lückenlos eingezäuntes Grundstück mitten im Nichts bei einem Ehepaar, das lieber Hund als Kind beherbergt. Ein Traum.

Ein erster Ausflug ins Wattenmeer bei St. Peter-Ording und das fantastische Gefühl, das sich in der Bauchgegend eines Hundebesitzers breit macht, wenn man seinen unerlaubt abgeleinten Vierbeiner glücklich über den Strand flitzen sieht, hat mich beschwingt und mutig werden lassen.

Am nächsten Tag, der Regen und Windböen von gefühlten neun Beaufort mit sich bringt, fahren wir aufs Gratewohl Richtung Husum. Deich gibt es doch in Nordfriesland so viel wie Kothaufen in der Hauptstadt, lautet das arrogante Vorurteil des Großstädters. Und der Plan ist, den Deich entlang bis ins Theodor-Storm-Städtchen zu laufen – hin und zurück. Das kann ja wohl nicht so schwer sein. Auf, auf!

Der Wind pfeift mir um die Nase. Die Schlappohren meiner Hündin sind gut am Kopf befestigt, sonst wären sie schon auf und davon Richtung Nordsee. Dunkle Wolken zeichnen sich am Himmel ab. Das Meer schäumt und wütet und jeder Nordfriese sieht zu, dass er ins Trockene kommt. Und mittendrin ich mit meiner neuen Softshelljacke, Gummistiefeln und dem Regenmantel darüber. Also besser ausgerüstet kann man gar nicht sein. So muss sich Andreas Kieling bei seiner ersten Reise gefühlt haben. Man könnte glatt meinen, ich käme aus dieser Gegend, wenn ich nicht die Einzige wäre, die ihren Spaziergang jetzt startet, während alle anderen ihn beenden.

Da meine Hündin bereits auf einschlägige Erfahrungen mit unterschiedlichen Zäunen zurückgreifen kann, leinte ich sie hier gutgelaunt ab. Ein gerauntes „Pass auf!“ mit gefährlichem Unterton hat sich als gute Warnung vor schmerzhaften Stromschlägen bewährt, so dass sie trotz der verlockenden Beute auf der anderen Seite Abstand hält. Ich war auf der sicheren Seite. Die Situation hatte ich im Griff. Auf nach Husum.

An einer Weide mit Schafen jedoch blieb meine Hündin lange stehen und schaute sich das Gelände an. Ich war noch ein Stück hinter ihr, raunte aber sicherheitshalber schon mal das „Pass auf“-Codewort im Gottvertrauen, dass es auch dieses Mal wirkt. Als ich neben meinem Hund angekommen war und nichts ahnend die Gelegenheit verstreichen ließ, sie am Geschirr zu packen, um zu sehen, was sie denn so in den Bann zieht, brauchte mein Hirn lange, das Bild zu begreifen und zu verarbeiten, das ich vor mir sah. Zu lange. Als ich begriffen hatte, dass diese Weide nicht durch einen Zaun, sondern – ha, wie lächerlich – durch einen Graben geschützt wurde, allerdings nur gegen Aus- und nicht gegen Einbruch, war mein Hund schon mit einem Satz über das Rinnsal und unterwegs zum ersten Schaf.

Das war ja dann wohl der absolute Super-Gau. Mein Hund, als Mitglied einer anerkannten sardischen Jagdhundrasse, war freilaufend auf einer nordfriesischen Wiese unterwegs, auf der bis vor kurzem noch an die zwanzig Schafe friedlich grasend das Leben genossen, jetzt allerdings aufgeregt ans Ende der Weide rannten, verfolgt von meiner Hündin im Glück, während ich fassungslos und bewegungsunfähig am Rande der Weide auf der anderen Seite des Grabens stand und den geschichtsträchtigen Gedanken dachte: ‚Ach, Du Scheiße', dicht gefolgt von einem ‚Hoffentlich sieht das keiner' und einem nicht ganz relevanten ‚Kann man als Deutsche aus Schleswig-Holstein ausgewiesen werden?'

Bis ich endlich in Bewegung geriet, biss mein Hund dem ersten Schaf zärtlich in den Hals. Wie gut, dass es auf den Winter zugeht und nicht nur Hund, sondern auch Schaf bereits aus dichtem Wollkleid diesem lustigen Abenteuer entgegensahen.

Mein überlastetes Hirn registrierte mit einem leichten Glücksgefühl, das sich durch die Panik brach, dass mein Hund offenbar kein Killer ist, sondern nur – in Anführungsstrichen – ein Jäger. Was ihr Spaß macht, ist die Hatz und nicht das Töten. Was für ein beruhigender Gedanke, der mich auf meinem Weg in Gummistiefeln über die matschige Weide ein wenig entspannte. An dieser Stelle sei noch erwähnt, dass nicht nur der beschwerliche Weg durch das nasse Grün erheblich an meinen Kräften zehrte, sondern auch das stetige Brüllen, das meinen Hund allerdings in keiner Weise beeindruckte. Natürlich nicht. Steht in jedem Hundebuch auf den ersten Seiten. Wenn Sie von Ihrem Hund absolut gar nicht als Rudelführer ernst genommen werden möchten, dann schreien Sie ihn aus vollem Halse an.

Ich sah aus, wie eine Fleisch gewordene Vogelscheuche bei dem absolut lächerlichen Versuch, der Situation Herrchen oder Frauchen zu werden. Im Zick Zack rannte ich meinem Straßenköter hinterher bis ans Ende der Weide und wieder zurück. Als das Schaf ihrer Wahl keinen Ausweg mehr sah, setzte es über auf die benachbarte Weide.

Das Schaf hopste über den Graben, mein Hund hopste über den Graben und ich, ich hopste hinein.

Die Augen auf den Hintern meines Vierbeiners fokussiert, habe ich das Rinnsal übersehen, das durch Regen- und Graupelschauer zu einem beachtlichen Bach heran geschwollen war. In der letzten Sekunde, in der ich dem Hindernis vor mir gewahr wurde, versuchte ich noch mit einem Satz hinüberzusetzen – und scheiterte. Ein Schlusssprung in den Matsch und eine Landung mit dem Allerwertesten in der dornigen Grabenböschung.

‚Scheiss auf den Hund, aber hoffentlich hat *das* jetzt keiner gesehen!' Schnell versuchte ich mich, aus dem Morast zu befreien, denn es war nicht nur ungemütlich, peinlich und meiner neuen Softshelljacke nicht förderlich, sondern auch nass und kalt.

Wenn ich mich auch bis zu dem Moment als total sportlich, outdoor-fashioned und wind-undwetter-adapted gehalten habe, so muss ich gestehen, dass es meinem wohl definiertem, nicht unmuskulösen Körper drei Tage vor seinem vierzigsten Geburtstag nicht leicht fiel, aus dem Loch wieder heraus zu kommen. Ich hatte dafür auch nur eine Hand frei, denn mit der anderen musste ich zusehen, dass mein rechter Gummistiefel mit mir den Weg nach draußen antrat. Von schmatzenden Geräuschen begleitet, kämpften Grabensumpf und ich als gleich starke Gegner um diesen Stiefel. Ich gewann, musste aber Federn lassen bei diesem Kampf. Ehre, Stolz und Persönlichkeitsideal sind in diesem Bach in Nordfriesland zurückgeblieben.

Meine Hündin war allerdings durch mein plötzliches Verschwinden von der Erdoberfläche dermaßen beeindruckt, dass sie Schaf Schaf sein ließ und erstmal guckte, wo ich denn abgeblieben war.

Mit einer Kopfschiefhaltung, die ich unter anderen Umständen als süß empfunden hätte, schaute sie in das Bachbett auf mich herab. Der Blick war eine Mischung aus ‚Du bist echt zu nichts zu gebrauchen, noch nicht einmal zur einfachen Schafjagd' und einem ‚Und wie geht es jetzt weiter?'

Wie es jetzt weitergeht? Nicht ladylike, soviel sei verraten. Ich wusste gar nicht, dass ich so viele italienische Schimpfwörter kenne, aber ich wollte hundertprozentig sichergehen, dass diese sardische Höllenhündin mich auch ganz verstand. Offensichtlich extrem beeindruckt, legte sie sich ab, und als ich endlich aus dem Morast raus war, konnte ich sie anleinen.

Das Sortieren der Schafe, die in Panik über den Bach zwischen den beiden Weiden hin- und her gehüpft waren, überließ ich lieber Menschen, die davon mehr verstehen als ich.

Und die Moral von der Geschicht? Gummistiefel sind nicht von oben dicht.

Leckerli

Auf 500 Meter Entfernung
„DIE IST LÄÄÄÄUUUUFIG!"
„OKAAAAAYYYYY! VERSTANDEN! DIE NICHT!"

Befehl ist Befehl

Ich bin ein Kind der 80er-Jahre. Ich stehe auf, wenn ein älterer Mensch in Bahn oder Bus einsteigt und biete meinen Platz an, obwohl ich inzwischen selber in dem Hab-Rücken-Alter bin. Ich steige vom Rad und lasse Fußgänger vorbeigehen, anstatt mir klingend den Weg frei zu sprengen. Ich nehme meinen Hund ran, zumindest versuche ich es, wenn mir ein angeleinter Hund oder Menschen ohne Hund begegnen. Ich grüße meine Nachbarn und sage „Guten Tag", wenn ich ein Geschäft betrete. Ich habe mit Monchichis gespielt, Biene Maja geschaut und Lolli Pop gelutscht. Und ich habe Achtung vor der Staatsgewalt gelernt. Kommt mir ein Polizist entgegen, reiße ich mich zusammen, um nicht zu salutieren, während mein Hirn hektisch überprüft, ob ich angeschnallt bin, das Handy aus ist, das Ticket Gültigkeit hat und ich auf der richtigen Seite fahre.

Und diese, ich nenne es mal Anerkennung, durfte ich an einem sonnigen Tag unter Beweis stellen. Dafür springen wir zurück in das Braunschweig aus dem Jahre 2004.

Ich stehe früh auf und sofort ist mein griechischer Schäferhundmix auf Empfang. Ganz im Gegensatz zum griechischen Reinrassigen, der sich entspannt im Bett räkelt.

„Thanasis, ich geh joggen."

„Ich ganz sicher nicht", nuschelt das Kissen.

„Ich überlege, ob ich um den Südsee laufe oder durch den Bürgerpark. Was meinst Du?"

„...grmpf..."

„Sag doch mal!"

„Lauf um den Südsee. Dann biste die Verrückte los."

Die Verrückte. Nicht nett, die Bezeichnung, aber unter uns: Die ist wirklich verrückt. Es handelt sich um eine ältere Dame, die in einem Gartenhaus im Bürgerpark wohnt. Sie hat sich den Schutz der ortsansässigen Kaninchen zur Aufgabe gemacht. Das ist ein Vollzeitjob, daher ist die Dame darüber hinaus nicht berufstätig, sondern immer vor Ort. Ihr erklärter Feind sind alle Hundehalter. Vor allem, wenn deren Hunde, was außerhalb der Brut- und Setzzeit erlaubt ist, frei herumlaufen und die Kaninchen in ihre Bauten zwingen.

Im Bürgerpark leben gefühlt 3988 Kaninchen pro Quadratmeter und es werden stündlich mehr. Daher hat die Verrückte viel zu tun. Im Vorjahr, so will es der Hundehalter-Flurfunk aus zuverlässiger Quelle wissen, hat die Kaninchenschützerin mehr als 170 Anzeigen bei der Polizei aufgegeben. Hauptsächlich gegen Unbekannt, da die meisten Hundehalter sehr ungern ihren Personalausweis vorzeigen, wenn sie von der Verrückten angekeift und teilweise auf dem Rad bis nach Hause verfolgt werden. Irgendwie nachvollziehbar. Aus völlig unzuverlässiger Quelle habe ich gehört, dass die Polizei der Dame weitere Anzeigen verboten hat, da der Aufwand, der damit einhergeht, in keinem Verhältnis zu irgendetwas steht.

Wir kamen auch schon in den Genuss ihrer ungeteilten Aufmerksamkeit und konnten uns nur mit Mühe aus der Situation befreien, ohne ernsthaft sauer zu werden. Nach 15 Minuten Diskussion mit einer originell gekleideten und nicht wohlriechenden Wand verliert man einfach irgendwann den Humor. Und wenn der Humor geht, dann nimmt er die Geduld freundlicherweise gleich mit. Wer kennt das nicht?

Nun gut. Zurück zu den beiden Griechen in Bett und Körbchen.

Das Exemplar im Bett schielt durch ein Auge auf das Leben drum herum.

„Du bist ja noch da."

„Ja ja, ich mach ja schon. Tayo komm."

Der Grieche im Körbchen ist mit einem Satz und eifrigem Schwanzwedeln an der Tür. Wie unterschiedlich die gleiche Nationalität auf zwei und auf vier Beinen ist. Beide sind innereuropäische Importe von der schönen Chalkidiki. Bis 2003 habe ich einige Jahre im Namen und Auftrag eines Reiseunternehmens unter anderem in Griechenland gearbeitet. 1999 hüpfte ich zum ersten Mal von den Kanaren auf die Halbinsel Kassandra und verliebte mich sofort in die Dörfer, die Landschaft und zwei Wochen später in den Schäferhundwelpen, der wie viele andere Hunde auch, als Streuner auf der Straße lebte. Bis er mir nachlief. Ab da war er meiner, hieß Tayo, bekam ein Halsband und unser Abenteuer begann. Gemeinsam entdeckten wir Griechenland, Portugal, Fuerteventura und seit einigen Monaten nun auch Braunschweig. Der griechische Zweibeiner ist mir ein paar Jahre später am gleichen Ort zugelaufen und 2003 haben wir uns entschlossen, in Deutschland wieder festen Boden unter die Füße zu bekommen.

Boden unter den Füßen ist das Stichwort. Ich schnüre die Turnschuhe zu und verlasse mit Tayo die Wohnung. An der Kreuzung entscheide ich mich dann doch gegen den Südsee und biege rechts ab in den Bürgerpark. Tayo macht sich sofort auf die Suche nach den Kaninchen, und ich mache mich auf die Suche nach meinem Rhythmus.

Dankenswerterweise sind um diese Uhrzeit kaum Menschen zu sehen, die Zeuge meines völlig unromantischen Laufens werden. Meinen Stolz lasse ich inzwischen zu Hause, wenn ich in der Öffentlichkeit Sport treibe.

Das habe ich zu meinen Jogging-Anfangszeiten nicht getan, was dazu führte, dass ich gut frisiert, dezent parfümiert und mit einem Hauch von Lipgloss auf den lächelnden Lippen nur dann in dynamische Geschwindigkeiten verfiel, wenn andere Leute in Sicht kamen. Wägte ich mich allein, brach ich sofort und ziemlich komplett, nach Luft ringend, ein. Als ein überraschend um die Ecke biegenden Pärchens eines Tages Zeuge meines Zusammenbruchs wurde, habe ich diese Taktik zusammen mit der Eitelkeit an den Nagel gehängt und treibe seitdem ernsthaft Sport.

Nach einigen Minuten Getrabe kreuzt von rechts ein junger Mann rennend meinen Weg und setzt sich vor mich. Ich bin noch mittendrin, mich darüber zu wundern, warum er in blauer Jeans, schwarzer Lederjacke und braunen Lederslippern joggen geht, als ich hinter mir den Ruf höre „Halten Sie den Mann fest.“ Ich drehe mich um. Ein junger Polizist biegt gute hundert Meter hinter mir den gleichen Weg ein, den der Jeans-Jogger auch genommen hat.

Oha.

Anscheinend hat der Typ etwas ausgefressen.

Kind der 80er.

Ich hab's ja gesagt.

Befehl ist Befehl.

Der wird nicht hinterfragt.

Der wird befolgt.

Ich gebe Gas und renne hinter dem jungen Mann her.

Tayo hat schnell begriffen, dass wir mit einem neuen Spiel begonnen habe und läuft als Pacemaker vor mir in der Spur.

Der Polizist weit hinter uns brüllt unentwegt „Bleiben Sie stehen."

Tayo freut sich.

Ich schnaufe.

Der Flüchtige dreht sich permanent panisch um.

Nicht wegen mir, sondern wegen des ausgewachsenen Schäferhund-Irgendwas-Rüden Tayo, der einen Heidenspaß an der Sache hat und dem Fangt-mich-doch immer näherkommt.

Als wir auf wenige Meter herangekommen sind, rufe ich „Bleiben Sie stehen oder ich gebe den Beißbefehl" nach vorne und überlege im selben Moment, was genau ich damit nun meine. Noch heute muss ich arg schmunzeln, wenn ich an die Szene denke. Beißbefehl. Tayo war so weit weg von Menschen beißen, wie ein Hund nur sein kann.

Viel Zeit zum Grübeln habe ich nicht. Der Mann bleibt tatsächlich an einem Baum stehen.

Donnerlüttchen.

Tayo bellt und springt ihn im Wechsel an.

So weit, so gut.

Und nun?

Dummerweise habe ich ausgerechnet heute keine Handschellen dabei.

Etwas unsicher blicke ich den Mann an.

Der Mann blickt Tayo an.

Tayo blickt mich an.

Gemeinsam warten wir.

Wenige Sekunden später ist der Polizist bei uns, rammt den Mann an den Baum und verdreht ihm die Hände auf den Rücken. Rechtzeitig genug, bevor dieser merkt, dass der Hund Null Komma gar nicht gefährlich ist.

Ich druckse ein wenig herum, unschlüssig, was nun zu tun ist.

Die Männer scheinen ganz mit sich beschäftigt.

So drehe ich mich nach ein paar Momenten achselzuckend um, murmele ein „Ja dann… tschüss“, rufe Tayo und setze meine Joggingrunde fort.

Auf einmal tauchen sowohl geradezu als auch von links Streifenwagen im Park auf und fahren auf den Ort des Geschehens zu. Ist ja was los hier heute Morgen. Als ich mich umdrehe, um das Einladen des Gefangenen zu beobachten, sehe ich, dass dieser mitnichten noch gefangen ist. Der Polizist steht vornübergebeugt und der Lederslipperträger ist erneut auf der Flucht.

Na bravo. Mehr kann ich dann auch nicht tun, 80er hin oder her.

Ich jogge weiter meine Runde. 20 Minuten später erzähle ich schweißgebadet einem inzwischen wachen Thanasis, was sich soeben zugetragen hat. Er reibt sich den letzten Schlaf aus den Augen und blickt mich erhaben an.

„Und deswegen habe ich Dir gesagt: Lauf um den Südsee“, grinst er weise.

„Ja ne, is klar.“

Der nächste Tag ist ein Montag. Nachdem ich die Geschichte aus dem Park dutzendfach erzählt habe, ist mein Stolz auf Tayo so mächtig wie nie. Und ich finde, dass auch die Braunschweiger Polizei wissen sollte, wem sie die ungenutzte Möglichkeit, den Täter zu fassen, zu verdanken hat.

Ich rufe im Revier an und werde mit dem zuständigen Beamten verbunden.

„Wie gut, dass Sie sich melden. Wir haben Sie schon gesucht!“

„Aha.“

„Wir wollten uns bei Ihnen bedanken. Haben Sie heute Zeit, auf der Dienststelle vorbeizukommen?“

„Öhm. Ja. Gerne.“

„Was mögen Sie denn? Schokolade? Pralinen? Blumen? Wir würden uns sehr gerne erkenntlich zeigen.“

„Schweineohren.“

„Wie bitte?“

„Schweineohren. Mein Hund mag Schweineohren. Und er hat die Arbeit geleistet. Also sollten Sie sich bei ihm bedanken.“

Drei Stunden später sitze ich im Büro des Officers und Tayo kaut am ersten Ohr, das aus einer riesigen Tüte stammt. Der Beamte hat mich bereits darüber informiert, dass der Täter doch noch gefasst werden konnte. Es handelt sich um einen polizeibekannten Kleinkriminellen aus Serbien, der schon mehrfach ausgewiesen wurde, aber immer wieder zurückkehrt nach Braunschweig. Seine letzte Untat war, sich mit einem Freund ein Auto zu klauen, nachts durch Braunschweig zu rasen, sich zum krönenden Abschluss im Morgengrauen eine wilde Verfolgungsjagd mit der örtlichen Polizei zu liefern, bei der diverse parkende Fahrzeuge zu Schaden kommen. Die Jagd endet in einem Mercedes, der sich nicht so einfach aus dem Wege schieben lässt. Die Täter flüchten zu Fuß weiter. Einer davon auf meiner Joggingstrecke durch den Bürgerpark. Ab hier kenne ich die Geschichte.

Der Beamte und ich lachen gerade gemeinsam über meinen Beißbefehl, als die Tür aufgeht und ein jüngerer Polizist den Raum betritt. Ich erkenne in ihm meinen Auftraggeber aus dem Park, der mir aufgetragen hatte, den Mann festzuhalten. Ich erhebe mich und schüttele ihm die Hand.

Der Beamte lächelt und offenbart nur einen von üblicherweise zwei oberen Schneidezähnen.

„Was ist denn da passiert?“, platzt es aus mir heraus, bevor ich darüber nachgedacht habe.

„Das war der Serbe. Der hat mir einen Zahn ausgeschlagen, als Sie weg waren.“

„Ach Gott, dann bleibe ich das nächste Mal

besser länger. Jetzt verstehe ich auch, dass er noch einmal entkommen konnte. Tut mir leid um Ihren Zahn."

Der junge Beamte grinst. „Nicht so schlimm. Heute Nachmittag habe ich einen Termin beim Zahnarzt. Dafür, dass der Typ ein Butterflymesser in der Tasche hatte, bin ich noch glimpflich davongekommen."

„Entschuldigung?"

Der ältere Beamte schaut böse auf den jüngeren Kollegen, dann lächelnd zu mir.

„Glauben Sie mir, Frau Knies. Wir hatten die Situation zu jeder Zeit unter Kontrolle."

„Ja. Das sehe ich."

Nach einem zügigen Wir-müssen-dann-mal-weiter-Abschied stehen Tayo und ich mit der großen Tüte Schweineohren wieder auf der Straße.

Tayo schaut mich an.

Ich blicke zurück.

„Der Einzige, der die Situation jederzeit unter Kontrolle hatte, das warst doch du" erkenne ich stolz an.

„Komm, wir gehen die Verrückte besuchen."

Dann dackeln wir los.

Neuen Abenteuern entgegen.

Leckerli

„Könnten Sie ihre Hunde bitte zurückrufen."
„Entspann dich mal und gib deinen Hunden mal ein bißchen Freiheit. Die machen das schon unter sich."
„Nochmal: rufen sie bitte ihre Hunde zurück."
„Sei doch nicht so verklemmt und gönn deinen Hunden mal was, Mensch. Die können einem ja leidtun."
„Meine Hunde haben Flöhe. Möchten Sie das auch ihren gönnen?"
„Brutus, Paulus. H.I.E.R.H.E.R. SOFORT!"

Geht doch.

Mahatma Magnus

Der Grunewald. Unendliche Weiten. Hektar um Hektar Wald. Und Meter um Meter Hunde. Einer nicht bewiesenen Annahme der Autorin zufolge, gibt es nirgends in Deutschland eine höhere Dichte freilaufender Hunde als an einem sonnigen Sonntag rund um den Grundewaldsee. Grund genug für mich, diesen Ort zu meiden. Keine Ahnung, wie ich mit meiner Freundin und Hundetrainerin Simone heute hier gelandet bin. Es ist sonnig. Es ist Sonntag. Es ist voll. Was machen wir hier?

Gute Miene zum bösen Spiel oder Entspannung für Fortgeschrittene. Wir laufen mit unseren vier Hunden Schritt um Schritt und sind wieder einmal fasziniert, was sich hier so alles tummelt. Gleichzeitig ist es unglaublich, dass nicht öfter von Beißereien und Kloppereien im Grunewald die Rede ist. Die Hunde machen das schon unglaublich gut. Im Gegensatz zu den Besitzern. Die bekommen das durchaus hin, in eine Gruppe Hunde, die sich nicht kennen, einen Ball zu schmeißen oder die Leckerlie-Tüte herauszuholen. Wenn ich Tierarzt wäre, wären das die Momente, in denen ich meine Visitenkarten großzügig unter den Zuschauern verteilen würde.

Simone und ich sind arg bemüht, so schnell wie möglich vom Hauptweg herunter zu kommen und die weniger bevölkerten Trampelpfade zu laufen. Ungefähr 50 Meter vor uns steht eine Gruppe Frauen mit zwei Chihuahuas. Ein armseliges Bild. Die Chihuahuas, nicht die Frauen. Sie tippeln nervös auf den winzigen Pfötchen hin und her und versuchen mit hektischen Kopfbewegungen alle Seiten zu sichern. Die Armen. Die haben heute sicher keinen Spaß.

Die Damen unterhalten sich so angeregt, dass sie überhaupt nicht mitbekommen, wie sich ein Ridgeback sehr distanzlos an die Chihuahuas heranmacht, die vor Angst noch kleiner werden, als sie ohnehin schon sind. Die Nase des Ridgebacks am Hintern, wird einer der Zwerge so starr wie ein Kaninchen vor der Schlange. Die Frauen tratschen weiter und bekommen von dem Elend einen Meter tiefer nichts mit.

Auf einmal rennt Magnus auf die Gruppe zu. Ich rufe ihn zurück. Er hört nicht. Oh man, das ist genau das, was so ein Chihuahua noch braucht. Als Magnus bei der Gruppe ankommt, interessiert er sich allerdings gar nicht für die Winzlinge, sondern für den Ridgeback bzw. das, was er tut. Das scheint seinem Gerechtigkeitssinn zu widersprechen, denn Magnus stellt sich zwischen den Ridgeback und den Chihuahua und bleibt einfach so stehen.

Simone und ich schauen uns an. Mit großen Augen. Stolz. Bewundernd. Verwundert.

Dieser Hund ist fantastisch. Der Schlichter auf jedem Hundeplatz. Das hat er schon oft bewiesen. Aber so vorausschauend, im wahrsten Sinne des Wortes, seine Talente einzusetzen und dann noch bei Hunden, mit denen wir überhaupt nichts zu tun haben – zauberhaft.

Von Magnus selbstlosen Einsatz bekommen die Damen auch nichts mit. Aber ich bilde mir ein, dass der gerettete Chihuahua dankbar zu ihm hinaufschaut.

„Mahatma Magnus."

Das kommt von Simone.

Wir müssen lachen. Und gehen weiter.

Ein Kilometer entfernt und 15 Minuten später folgt Magnus trotz meinem Geschrei meiner Hündin auf Wildschweinjagd in den Wald.

„Mahatma Glück, Mahatma keins."

Das kommt von Simone.

Ich lache nicht.

Leckerli

„Beißt die?"
„Ja!"
„Darf ich die mal streicheln?"

Sport mit Biss

Ein neuer Trend weht durch die Hundewelt. Canicross. Joggen mit Hund. Also eigentlich ist das nicht einfach nur Joggen mit Hund. Beim Canicross geht es darum, sich im professionellen Laufdress und -geschirr, von seinem Hund gezogen, auf rasante Geschwindigkeiten bringen zu lassen. Wenn der Hund zieht, dann ist das für den Läufer eine wunderbare Unterstützung und macht großen Spaß.

Magnus zieht nicht.

Noch nicht.

Wir üben noch.

Das wird schon.

Und um das Training zu beschleunigen, melden wir uns todesmutig zu einem Kennenlern- und

Trainingslauf bei Canicross für jeden e. V. Treffpunkt: Parkplatz am Müggelturm. Sonntag, 8 Uhr.

Finde den Fehler.

8 Uhr ist zwar für Magnus wunderbar, aber überhaupt nicht meine Uhrzeit. So früh bin ich selbstverständlich schon wach und auf den Beinen. Aber eine extreme Sprechunlust macht mich nicht besonders gesellschaftstauglich.

Der weitaus größere Fehler verbirgt sich aber hinter dem Treffpunkt Müggelturm. Als Autorin diverser Stadtwanderbücher weiß ich sehr genau, dass die Gegend dort ziemlich bergig ist. Also für Berliner Verhältnisse gebirgig. Wir sprechen immerhin von imposanten 115 Metern. Für mich eine unüberwindbare Herausforderung. Mich zwingen bereits zwei Meter Höhenunterschied in die Knie.

Wie auch immer das passieren konnte, stehe ich an besagtem Sonntag um kurz vor 8 Uhr auf diesem Parkplatz. Im Gepäck die große Hoffnung, dass Magnus nach diesem einmaligen Event der Zughengst Nummer 1 wird und wir uns weitere Teilnahmen sparen können. Oder – ganz im Gegenteil – einen Mordsspaß entwickeln und zukünftig immer dabei sein werden.

Nach und nach trudeln die Vereinsmitglieder ein. Die meisten können wir schon weit im Voraus hören. Die Hunde veranstalten, in ihrer grenzenlosen Vorfreude gefangen, ein dermaßen lautes Tohuwabohu in den Autos, dass ich mich frage, wie man da drin noch ruhig sitzen und sich auf das Fahren konzentrieren kann. Das soll sich Magnus auf gar keinen Fall abgucken. Aber ein Blick in sein verstörtes Gesicht macht mir Hoffnung, dass er noch nicht einmal darüber nachdenkt, sondern vielmehr einzuordnen versucht, was hier gleich mit ihm passieren wird.

Nach einer Begrüßung gibt es ein kurzes Warm-up ohne Hund für Mensch. Danach bin ich schon so k.o., dass ich locker zum Duschen heimfahren könnte. Allerdings geht es nun erst richtig los. Die Hunde werden ausgeladen, eingespannt und hoppi galoppi. Meine Ankündigung, dass ich extrem langsam laufe und extrem große Probleme bergauf haben werde, wird lächelnd zur Kenntnis genommen. Zu meinem großen Leidwesen sehe ich sportlich aus. Immer wieder mache ich die Erfahrung, dass mein Gegenüber vermutet, ich würde mit meiner Unsportlichkeit kokettieren und 10 Kilometer mit einem Pace von 5,3 Kilometer pro Stunde absolvieren.

Mitnichten. Davon bin ich genauso weit entfernt wie von der Kernspaltung mit bloßen Händen.

Schneller, als ich atmen kann, ist die Truppe weg und Magnus und ich kriechen alleine die erste Anhöhe hinauf. Oben auf dem Berg wartet die Gruppe der Muskulösen auf uns und feuert uns an.

Wie erbärmlich.

Eine große Ecke meines Stolzes bricht ab und geht zurück zum Auto. Der Rest schnauft nach oben und bekommt noch ein „hab ich doch gesagt“ von mir gekeucht. Mehr Energie kann ich fürs Sprechen nicht verschleudern. Außerdem ist die Truppe schon wieder unterwegs.

Der Weg wird schmaler und führt nun bergab.

Ich danke den Waldfeen und laufe einigermaßen leichtfüßig hinterher.

Schnell merke ich, dass bergab leichter scheint, aber nicht wirklich leichter ist. Durch meine tränenden Augen erkenne ich die Wurzeln, Tannenzapfen und Äste auf dem Weg nur schemenhaft.

Schnell fange ich an zu stolpern.

Schnell werde ich unsicher.

Schnell ist der Weg zu Ende.

Und wieder wartet die Gruppe auf mich. Ich plane, mit einem Witz auf den Lippen durch das Spalier zu laufen, als mir eine letzte Wurzel zum Verhängnis wird und ich die fehlenden eineinhalb Meter ins vorläufige Ziel auf dem Bauch schlitternd hinter mich bringe.

Fluchend stehe ich auf und klopfe mir den Dreck von der Hose.

Mein restlicher Stolz bleibt liegen.

„Ist dir was passiert?"

„Alles okay?"

„Geht's wieder?"

„Brauchst Du Hilfe?"

„Bist Du verletzt?"

Nicht ansprechen, denke ich nur. Jetzt bloß nicht ansprechen, sonst fange ich vor Scham an zu heulen. Ich wusste, das wird nicht lustig. Aber so unlustig hatte ich mir das dann doch nicht vorgestellt.

Magnus schaut mit krauser Stirn zu mir hoch. Sein Blick fragt „Bist Du Dir sicher, dass wir das hier durchziehen sollten? So richtig witzig finde ich das auch nicht."

Ja. Das ziehen wir jetzt durch.

„Der nächste Abschnitt führt zum See runter. Die Strecke ist recht eben", informiert mich der Leiter der Veranstaltung.

„Eben können wir", bekomme ich gerade noch so gelächelt und schon sind wir wieder unterwegs.

Dieses Stück wird als Lieblingsstück in die Annalen dieser Geschichte eingehen. Der Weg ist gnädig mit uns. Magnus trabt locker vor mir her, ich einigermaßen locker hinter ihm und der Abstand zu den anderen wird wieder größer.

Okay.

Wir sind keine Rennmäuse und auch keine Supersportler. Unser Tempo wird immer ein gemütliches bleiben. Für diese Erkenntnis hat sich der Weg doch gelohnt. Eigentlich könnten wir zurück zum Auto laufen, den den Rest an Stolz auf dem Beifahrersitz anschnallen und nach Hause fahren.

Unhöflich wollen wir aber auch nicht erscheinen und so laufen wir das zwar ebene, aber auch längste Stück der Strecke bis zum See hinunter und kommen wieder auf der bekannten letzten Position an.

Egal, wo die Gruppe stoppt, das Gebell der Hunde setzt sofort ein, wenn die Geschwindigkeit rausgenommen wird. Unglaublich, was die in so kurzer Zeit an Energie verballern. Damit könnte man locker ein Einfamilienhaus einen Tag lang erleuchten, wenn man das in Strom umwandeln würde. Ich komme am See an und stoppe unfallfrei. Dennoch gehorchen mir meine Beine nur widerwillig. Daher versuche ich, ohne Umwege durch die Gruppe hindurch zum Ufer zu kommen, um Magnus wohlverdient trinken zu lassen. Dabei laufe ich einer der Rennmäuse mitten durchs Gebell. Das Tier ist so angeknipst, dass es nicht einmal merkt, wie sich seine Beißer um meinen linken Oberschenkel schließen.

Das war's.

Mir kommen die Tränen.

Ich wende mich ab und ringe mit Blick auf See um Fassung, während Magnus säuft.

„Hat sie dich gebissen“, fragt die Besitzerin des Adrenalinpaketes besorgt.

„Ja. Ist aber nicht schlimm“, antworte ich ihr mit dem Rücken zugewandt.

Als ich mich einigermaßen wieder unter Kontrolle habe, geht es auch schon zurück zum Parkplatz. Dort angekommen, kann ich gar nicht schnell genug los. Vorher registriere ich aber das Blut, das an der Bissstelle durch meine Hose sickert. Na prima.

Ich verabschiede mich so würdevoll, wie es mir noch möglich ist und fahre heim unter die heiße Dusche. Beim Abtrocknen begutachte ich fünf chice Löcher seitlich und oberhalb des linken Knies. Ich schicke ein Foto davon an meine Schwester und an einen Freund. Sie ist Krankenschwester, er Arzt und beide sind sich einig. Ab ins Krankenhaus.

Fantastisch.

Sonntags in Berlin in die Notaufnahme. Wie viel Proviant und Kaffee muss ich da wohl mitnehmen?

Um 13 Uhr bin ich im DRK Klinikum Köpenick und blicke durch die Glasscheibe des Empfangsschalters auf eine missmutig anmutende Schwester.

„Guten Tag. Ich hätte einen Hundebiss zur Ansicht."

Sie: „Privat oder Postbote?"

Ich: „...?"

Sie: „..."

Ich: „Ich bin weder privat versichert noch Postbote."

Sie (genervt): „Ob das privat passiert ist oder sie Postbote sind?"

Ich: „Ja. Privat. Ist die einzige Alternative dazu tatsächlich Postbote?"

Sie: „Haben wir oft."

WUSCH. Sie hebelt am Schieber.

Ich gucke fragend. Sie starrt zurück.

Ich: „Was möchten Sie von mir?"

Sie: „Chipkarte."

Ich: „Haben Sie ein Problem mit ganzen Sätzen?"

Das war's. Ich habe mir damit ganz sicher eine extra Wartezeit von einer Stunde erarbeitet und bin noch nicht mal zwei Minuten hier. Heute ist mein Tag. Daran gibt es keinerlei Zweifel mehr. Ich nehme im Wartezimmer Platz.

Zwei Stunden später steht ein junger Mann an der Anmeldung.

Sie: „…?"

Er: „Ich habe Schmerzen im Bein."

Sie: „Seit wann?"

Er: „Seit einer Woche."

Im Wartezimmer senken 18 von 19 Patienten stöhnend den Kopf. Nr. 19 ist schon vor einer Stunde eingeschlafen. Oh man. Seit einer Woche Schmerzen und dann kommt der ausgerechnet sonntags in die Notaufnahme. So viel Langeweile kann kein Mensch haben, dass er sich das antut.

Eine Stunde später kommt ein älterer Mann zur Anmeldung.

Sie: „Ja?"

Er: „Mir tut der Arm weh."

Sie: „Was haben Sie gemacht?"

In meinem Kopf applaudiere ich still und leise dem Verb.

Er: „Karten gespielt."

Sie: „Wann?"

Er: „Skat und Rommee."

Sie (genervt): „Nicht was. WANN?"

Er: „Gestern. Dreieinhalb Stunden."

Nach einer halben Stunde war er im Behandlungszimmer.

Ich drehe mich zu meiner Sitznachbarin.

„Nächstes Mal spiele ich auch Skat, anstatt mich vom Hund beißen zu lassen. Geht eindeutig schneller."

Nachdem auch die extra Wartestunde herum ist, werde ich tatsächlich noch aufgerufen und gehe ins Behandlungszimmer. Nach kurzer Begutachtung des Schadens bittet der Herr Doktor die anwesende Schwester um ein Besteck.

Ich frage, was es denn zu essen gäbe.

Der Arzt blickt mich an und spricht: „Ich muss die Wunden ausschneiden. Es werden Narben bleiben. Rockmodel werden sie jetzt nicht mehr."

Ich: „Das war vorher auch keine Option."

Der Arzt blickt auf meine Beine.

„Stimmt."

Leckerli

Da ich ja nach Einbruch der Dunkelheit unbedingt noch joggen gehen musste, habe ich die Wurzel nicht gesehen, die sich vor mir in die Luft schraubte (aus voller Absicht, wie ich vermute) just in dem Augenblicke, als ich des Weges kam. Und es hat mich gerissen. Gioia kommt angelaufen, sieht, dass ich noch lebe und läuft weiter. Magnus kommt angelaufen, schleckt mir über das ungeschützte Gesicht und legt sich neben mich. Darum ist Gioia jetzt unterwegs ins Tierheim und Magnus liegt mit mir auf dem Sofa. Alles hat seine Grenzen...

Ruppert, der Rassist

Ruppert ist klein. Schwarz-weiß gefleckt mit einem respektablen Überbiss. Ruppert ist nicht hübsch im weitläufigen Sinne. Ruppert hat Charakter, ungewöhnliche Hobbies, eine eigene Meinung und ist witzig.

Fangen wir mit den Hobbies an. Mindestens einmal in der Woche lässt sich Ruppert im Berliner Mauerpark im Maul eines Schäferhundes, Rottweilers oder Dobermanns durchschütteln und in hohem Bogen zurück auf den Boden der Tatsachen schleudern. Rupperts Frauchen hat akzeptiert, dass ihr Goldschatz ein Kampfzwerg, leidenschaftlicher Pilot und offensichtlich unsterblich ist. Im Mauerpark ist Ruppert bekannt. Große Anerkennung wird dem kleinen Hund zuteil, wenn er es gleichzeitig mit drei Pitbulls aufnimmt. Das Terrierblut in Ruppert ist stark und Mut ist ein Muskel, den Ruppert jeden Tag trainiert.

Ruppert hasst Schäferhunde. Wenn sie (ja genau, Ruppert ist ein Mädchen), also wenn sie einen Schäferhund, gestoppt von der Leine, nicht ins Maul rennen kann, bekommt sie einen Tobsuchtsanfall und brüllt, was das Zeug hält.

Das gleiche macht Ruppert auch bei dunkelhäutigen Menschen. Sind sie eindeutig dunkel, überlegt Ruppert nicht lange, sondern rastet direkt aus. Mischlinge machen Ruppert Probleme. Mitunter sitzt sie fünf Minuten vor dem Problem, um zu einer Entscheidung zu kommen: Angriff oder Kuscheln?

Ruppert mag keine anderen Tiere im Fernsehen. Ihr größter Feind ist der Fuchs in der Spee-Waschmittel-Werbung. Sollte der jemals im Mauerpark auftauchen, Gnade ihm Gott.

Rupperts Frauchen mag überhaupt keine Science-Fiction-Filme. Aber mit einem Hund wie Ruppert muss man einmal im Leben gemeinsam Star Wars gucken. Interessant, welche Einordnung die Hündin vornimmt. Was sie für Mensch und was sie für Tier hält.

Rupperts Frauchen guckt gerne Serien. Bei Walking Dead muss Ruppert allerdings das Zimmer verlassen. Dunkelhäutiger Zombie. Da ist Ruppert raus. Totalausfall.

Die größte Herausforderung für die kleine Hündin sind weiße Schäferhunde. Beim Anblick eines solchen Tieres kann man Ruppert beim Denken zuschauen. Sie überlegt und überlegt und überlegt. Sie holt schon Luft, macht sich zum Angriff bereit. Zögert. Entspannt sich wieder. Setzt erneut an. ‚Du siehst aus wie ein Schäferhund, aber Du hast die falsche Farbe. Ich finde kein Verhaltensprogramm, das zu dir passt.' Ruppert rastet nicht aus.

Ruppert hat einen guten Freund. Einstein. Doppelt so groß, genau so cool.

Ruppert und Einstein laufen Schulter an Schulter. Dann: Schäferhund auf 12 Uhr. Ruppert meldet die Sichtung. Einstein, der ewig dankbare Soldat, kann auf einmal auch keine Schäferhunde mehr leiden. Eine Ruppert sticht eben.

Beide machen sich bereit, blasen sich auf. Bei Ruppert kommen stolze 30 Zentimeter zusammen. Der Schäferhund kommt näher. Einstein erkennt, dass es sich bei dem Feind um eine Hündin handelt, fällt in sich zusammen und desertiert rechts weg. Um sich keine Blöße zu geben, tut er so, als hätte er die interessanteste Schnüffelstelle seit Wochen entdeckt. Ruppert trotzt weitere zehn Sekunden der sehr coolen und sehr großen Hündin. Sein Hirn rattert und entscheidet sich für das Schnüffelerlebnis.

Kaum ist die Hündin vorbei, kehren Ruppert und Einstein auf Position zurück, als wäre nichts gewesen.

Schäferhund?

Was für ein Schäferhund?

Leckerli

Hund: Yorkshire Terrier
Leine: pink
Halsband: pink

Lippenstift Frauchen: pink
Nagellack Hund und Frauchen: pink

Rute hoch, Ohren aufgestellt, Leine bis zum Anschlag ausgereizt – Kläffen.
Frauchen: „Chanel, musst doch keine Angst haben!“

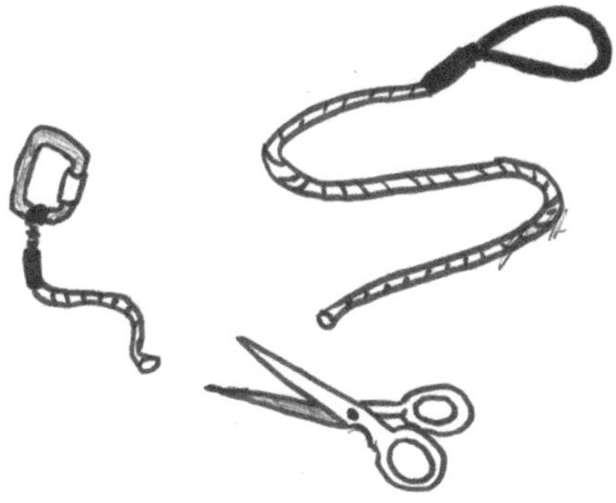

Geschichte mit Haken

In den Jahren 2014 und 2015 bin ich fast an jedem Wochenende mit einer Gruppe abenteuerlustiger Hundehalter und ihren Vierbeinern in den Wäldern Berlins unterwegs gewesen. Entweder, um einen Schatz zu suchen, um eine neue Route zu erwandern oder um einen Krimi zu lösen. Mein allergrößtes Bestreben dahinter war, Mensch und Hund zu bewegen. Körperlich aber auch im Kopf. Und zwar weg von Kong, Bällchen und Stöckchen, hin zu den Dingen, die sich wunderbar und unmittelbar mit dem Hund in der Natur anstellen lassen. Eine Tour dauerte im Schnitt um die zwei Stunden mit einem gemütlichen Picknickausklang.

An einem unglaublich sonnigen Sonntag im Sommer 2015 bin ich wieder mit einer Gruppe Kommissare und Spurensucher im Grunewald verabredet. Wir treffen uns um 11 Uhr und ich erkläre kurz die Lage.

„Die Berliner Polizei ist komplett überarbeitet und völlig unterbesetzt. Sie hat uns um Amtshilfe gebeten. In der vergangenen Nacht wurde hier im Grunewald eine Leiche entdeckt. Ein Liebespaar wollte sich offenbar einen romantischen Abend im Laub machen und wurde von dem Fund zu Tode erschreckt. Der weibliche Leichnam ist bereits in der Gerichtsmedizin. Ein paar Beweise konnten am Tatort gesichert werden. Die habe ich dabei. Dann wollen wir mal sehen, ob ihr gute Arbeit leistet und euch die Beweise verdienen könnt."

So. Wer unter den Lesern nun angefangen hat, nebenbei einen Leichenfund im Jahre 2015 im Berliner Grunewald zu googeln: Stopp. Die Geschichte ist natürlich von Anfang bis Ende erfunden. Selbst meine Zuneigung zum Makabren kennt Grenzen.

Die Gruppe hat mich verstanden, lacht und folgt mir todesmutig. Immerhin läuft ja noch ein Mörder frei herum. Wir dringen Stück für Stück tiefer in den Grunewald vor. Zwischendurch stoppen wir für die Aufgaben. Wir spielen Baseball, die Reise nach Jerusalem oder Mikado. Wenn die Gruppe die Aufgaben gut absolviert hat, gibt es einen Beweis. Inzwischen ist der Gärtner über jeden Verdacht erhaben. Der Mörder muss eine Frau gewesen sein.

Klare Tendenz unter den weiblichen Teilnehmern: Es war eine Eifersuchtstat. Einhellige Meinung unter den wenig mitgeschleppten Männern: Raubüberfall mit Todesfolge.

Der Spaziergang hat uns inzwischen in die Nähe des Schlachtensees geführt. Normalerweise würde ich sonntags nie zum See gehen, sind dort doch Massen an Menschen zu vermuten. Aber es ist warm, die Gruppe ist cool drauf und die Hunde können ein Bad vertragen. So steigen wir hinunter zum See, wo mir die Menschenansammlung Recht gibt. Hier könnte man glatt einen Verkehrspolizisten aufstellen. Langweilig wäre dem nicht. Wir lassen die Hunde an einem kleinen Strandbereich, der wundersamerweise gerade frei ist, trinken, baden und toben. Da ich mich mit einer Teilnehmerin unterhalte, entgeht mir, dass sich von hinten zwei ältere Damen mit einer Hündin genähert haben. Die Hündin ist genau wie unsere Hunde abgeleint. 2015 gehörte diese Seeseite noch zum Hundeauslaufgebiet. Heike, eine Stammkundin von mir, kommt zu uns und sagt zu mir: „Du nimmst vielleicht besser Magnus zurück. Die Hündin scheint ein Problem zu haben.“ Ich drehe mich um und richtig. Die Hündin hat nicht nur ein Problem. Die hat ein dickes Problem. Sie ist nicht ängstlich, sie ist geradezu panisch. Zwei, drei Hunde unserer Gruppe, darunter auch Magnus, stürzen auf die Hündin zu. Die beiden Frauen sind einige Meter von ihrem Hund den Weg plaudernd weitergegangen. Die Hündin quiekt. Jetzt drehen sich alle zu der Szene um. Unsere Hunde lassen von der Hündin ab und kommen mit gerunzelter Stirn zurück. Nur Magnus nicht. Er möchte das Mädel offensichtlich unbedingt davon überzeugen, dass sie keine Angst haben muss. Und das muss sie auch wirklich nicht. Magnus ist zwar grobmotorisch, aber nett. Die Hündin, gefangen in ihrer Panik, kennt offensichtlich nur ein Verhaltensprogramm. Flucht. Sie rennt auf das Wasser zu. Magnus hinterher. Ich schaue mir eine Sekunde die Situation entspannt an, bis ich ein..., naja, Schreien kann man dazu wirklich nicht mehr sagen, eher ein hysterisches Gebrüll vom Weg her höre. Eine der beiden Damen, offensichtlich die Halterin des Hundes, rastet völlig aus, kommt, so schnell es ihr das Alter und Gewicht erlauben, zurückgerannt und kreischt panisch, dass der Hund, sprich Magnus, sofort weg müsse.

Das war offenbar genau das, was ihre Hündin noch gebraucht hat. Sie springt auf einen Baumstamm, der über dem See hängt und läuft ihn entlang auf das Wasser hinaus. Magnus bleibt am Beginn des Baumes stehen. Seine Vorderpfoten ruhen auf dem Stamm und er blickt staunend und sehr gutmütig der Hündin hinterher.

Ich mache mich auf den Weg, Magnus dort weg zu holen. Die Hundebesitzerin allerdings ist schneller. Sie kommt wie eine Furie mit hoch erhobenen Armen auf den Strandbereich gekracht und rast auf Magnus zu. Als sie ihn erreicht hat, zieht sie ihm den Karabinerhaken ihrer Leine über den Rücken, während sie nicht aufhört zu kreischen und zu schreien.

Ich bin fassungslos.

Und extrem schnell extrem wütend.

In Nullkommanichts stehe ich vor der Frau.

So dicht, dass ich jede Falte um ihre Augen erkennen kann.

Unsere Nasenspitzen berühren sich fast.

„Wenn Sie das noch einmal machen, dann ziehe ich ihnen die Leine über den Schädel, das verspreche ich ihnen."

Ich rede leise, so dass mich von meiner Gruppe niemand versteht. Acht Kommissare sehen aus einigen Metern Entfernung fassungslos zu. Nur ihre Anwesenheit hält mich davon ab, der Frau eine zu langen. So nah war ich noch nie dem Bedürfnis nach körperlicher Gewalt.

Die Frau schreit unbeirrt weiter. Irgendwas von ‚Hunde gehören an die Leine' und so. Sie ist wirklich völlig außer sich. Mit ihr zu reden, macht überhaupt keinen Sinn, auch wenn nach den Sekunden der Schockstarre meine Kunden mir verbal zu Hilfe eilen.

Ich atme tief ein, rücke mir in Gedanken die Krone zurecht, lächle und gehe mit Magnus zurück zur Gruppe. Der hat von alldem glücklicherweise nichts mitbekommen. Magnus ist nicht nur gutmütig, sondern auch extrem stumpf. Bis der mal etwas merkt, da muss schon ein Backstein auf seinem Rücken landen. Ein Karabiner tut dem gar nichts. Den merkt er wohl noch nicht einmal.

Eine Stunde später verabschiede ich meine Gruppe mit Umarmung und dem festen Bekunden, bald wieder zusammen auf Tour zu gehen. Als das letzte Auto unter meinem Winken vom Parkplatz gefahren ist, setze ich mich selber hinter das Steuer meines Wagens.

Ich starte das Auto.

Lege den ersten Gang aus.

Ich schalte das Auto aus.

Mir kommen die Tränen.

Nicht eine, nicht zwei, viele.

Ich weine, ich schluchze, ich rotze.

Das Gefühl, meinen Hund nicht vor diesem Angriff geschützt haben zu können, lähmt mich. Es ist ein schreckliches Gefühl.

Ich entschuldige mich in Gedanken bei Magnus.

Ich steige aus, setze mich zu Magnus in den Kofferraum und entschuldige mich stockend persönlich bei ihm. Er freut sich wie immer über die Aufmerksamkeit. Auch wenn er nicht weiß, warum wir nicht erst nach Hause fahren.

Die Geschichte am See hat er schon längst vergessen.

Das wird mir leider nicht passieren.

Leckerli

Mein Hund läuft nahe an zwei Teenagern, ca. 14 Jahre, vorbei.
Der eine: „Nanu, ist da keine Leine an dem Hund?“
Ich: „Nein. Ist das ein Problem?“
„Für misch nisch, aber wenn der näher kommt, dann muss isch ihm weh tun!“

Kurz mal in Kreuzberg

Berlin mit Hund ist eine kleine Agentur, die sich um die Bespaßung von Hund mit Halter kümmert. 2010 bin ich mit dem Projekt an den Start gegangen und habe das Angebot auf drei Sockel gepflanzt. Sightseeing, Abenteuer, Sport.

Der Bereich Sightseeing kümmert sich um Touristen, die millionenfach Jahr um Jahr Berlin bevölkern. Knapp 13 Millionen waren es 2016 und etwas mehr als die Hälfte von ihnen kam aus Deutschland. Da liegt es nahe, den eigenen Vierbeiner mit in die Metropole zu nehmen. Und wer ihn nicht unbedingt über den Ku'damm schleifen oder durch das Brandenburger Tor zerren möchte, der kann eine caniphile Tour mit mir durch

Kreuzberg, Schöneberg oder auch Köpenick genießen.

Am Dienstag, den 15. September 2016, buchte sich ein Ehepaar aus Süddeutschland in die Kreuzbergroute ein. Wir trafen uns auf dem Mariannenplatz vor der St. Thomaskirche. Die beiden Mitsechziger hatten einen lebhaften und jungen Dackel dabei, der Frauchen fleißig an der Flexileine beschäftigte, während Herrchen mit hinter dem Rücken verschränkten Armen gutmütig lächelnd durch die Hornbrille blickte.

Meine Hunde, im Erstkontakt extrem unschüchtern, hielt ich an der kurzen Leine. Langsam ging ich auf die Familie zu, um ihnen Zeit zu geben, mich wahrzunehmen, die Leine einzufahren und etwas Ruhe in den Dackel zu bringen. Der Dackel sah mich zuerst und kündigte mein Kommen mit lautem Gekläffe und einem respektablen Sprung nach vorne an. Frauchen hüpfte ein Stück mit und „Klack" – die Flex rastete ein.

Sicher ist sicher. Ich wickelte die Leinen meiner Hunde um einen Pfahl und ging erst einmal alleine auf das Trio zu.

„Guten Morgen, ich bin Melanie. Sie sind bestimmt…" und zack, hing mir der Dackel am Bein. Frauchen stimmte in das gutmütige Lächeln von Herrchen mit ein. „Er mag wirklich jeden Menschen."

Die Flex wehte leicht im Wind, der Hund hüpfte an meiner Jeans auf und ab, Herrchen und Frauchen lächelten, ich wartete darauf, dass sie ihren Hund korrigierten, während meine Hündin mir körpersprachlich ihre Unterstützung anbot.

Zwei Stunden.

Das schaffe ich.

Der Gedanke zuckte mir blitzschnell durchs Hirn. Dann fing ich nochmal von vorne an, während ich mich zu „Er-mag-wirklich-Jeden“ hinunterbeugte. Der Kunde ist König und der Kundenhund ist der Beste.

„Du bist ja wirklich ein Netter.“ Blick nach oben. „Hallo. Ich fange nochmal an. Ich bin Melanie Knies und wir sind hier zur Kreuzbergtour verabredet, richtig? Sie sind Herr und Frau Schlipfer, oder?“

„Ja, genau“, antwortete die Brille.

„Prima. Ich freue mich sehr. Willkommen in Berlin. Meine beiden Hunde brauchen am Anfang etwas Abstand. Aber beim Gehen entspannen sie sich und nach ein paar Minuten ist alles okay. Ich erzähle nur kurz etwas zu dem Platz hier und dann laufen wir auch schon los, damit die Hunde nicht so unruhig werden. Wie heißt denn der Dackel?“

„Das ist unser Balduin“, informierte mich Frau Schlipfer. „Unser achter Dackel. Sein Vorgänger ist vor einem Jahr gestorben. Er war 15 Jahre alt. Balduin haben wir eine Woche nach seinem Tod geholt. Unsere Züchterin hatte gerade Welpen.

Eigentlich heißt Balduin ja Gustaf vom Oberhofjäger. Er ist aus dem G-Wurf, wissen Sie? Aber wir fanden Balduin schöner. Balduin und sein Vorgänger Hansi sind Rüden. Also Hansi war auch ein Rüde, wollte ich sagen. Er ist ja nun leider tot. Davor hatten wir immer Hündinnen. Aber mit der Letzten hatten wir so große Probleme. Als sie 6 Monate alt war, haben wir sie kastriert. Wissen Sie, unser Tierarzt meinte, das sei besser bei Hündinnen. Wegen Scheinschwangerschaft und weil sie schon mit drei, vier Monaten abgehauen ist. Wissen Sie, die hat sogar Schmetterlinge gejagt. Verrücktes Tier. Ständig mussten wir diesen Hund suchen. Und unseren Garten hat sie komplett umgegraben. Man konnte Gala keine Sekunde alleine lassen. Gala hieß die Hündin, wissen Sie? Danach wollten wir keine Hündinnen mehr.

Ihre Hunde sind wohl Mischlinge, was?“

Zwei Stunden. Das schaffe ich, huschte mir ein Déjà-vu-Gedanke durchs jetzt schon müde Hirn.

„Ja. Das sind zwei Straßenhunde aus Sardinien.“

„Oh“, „oh“, erschallte der Schlipfer-Kanon.

Ich erhob mich und Balduin mit mir. Er schielte an meinen Beinen vorbei zu meinen Hunden. Dazu stimmte er ein freudiges Bellen an. Magnus Blick: ‚Du Kleiner, das interessiert mich überhaupt nicht.‘ Gioias Blick: ‚Wenn Du mir ins Ohr bellst, gibt es was auf den Mund.‘

„Wenn Sie sich umdrehen, dann blicken Sie auf die schöne Backsteinfassade der St. Thomaskirche hier auf dem Mariannenplatz. Es ist eine evangelische Kirche und eine von Hunderten in Berlin. Selbst Wikipedia kennt keine genaue Zahl“, begann ich mit den ersten Informationen.

Völlig egal. Weder Ehepaar Schlipfer noch Balduin interessierten meine Ausführungen. Alle Drei starrten auf meine sehr entspannt dasitzenden Hunde.

Nein.

Korrektur.

Herr und Frau Schlipfer starrten abwechselnd auf meine Hunde und auf mich.

Balduin zerrte unter Gebell in Richtung meiner Hunde.

Ich unterbrach meinen Vortrag.

„Stimmt etwas nicht?“

Frau Schlipfer schluckte schwer. „Möchten Sie ihre Hunde nicht zu uns holen?“

„Warum?“

„Sie gucken so traurig. Und sie sitzen da so ganz alleine.“

„Sie sind doch zu zweit.“

„Ja, aber“, erklärte Frau Schlipfer, „sie fühlen sich bestimmt ausgegrenzt.“

Das ‚Im Ernst jetzt?‘ verschluckte ich in letzter Sekunde.

„Das glaube ich nicht. Sie sitzen doch sehr entspannt. Und außerdem haben sie uns doch im Blick. Und ich lasse sie ja nicht hier. Wir gehen gleich los, und dann hole ich sie natürlich dazu und sie kommen mit.“

Ich konnte Frau Schlipfer ansehen, dass sie mein Verhalten nicht billigte. Und ich konnte Herrn Schlipfer ansehen, dass er mir aufgrund langjähriger Erfahrung mit Frau Schlipfer wohl zu einer anderen Antwort geraten hätte, hätte ich ihn nur gefragt.

Frau Schlipfer holte tief Luft.

„Wir haben diese Tour doch gebucht, damit der Balduin neue Freunde in Berlin findet."

Ach so. Natürlich. Und wenn er wieder zurück in Süddeutschland ist, dann skypt er mit Magnus und Gioia und hin und wieder gibt es eine Karte und selbstgebackene Kekspakete zum Geburtstag.

„Gut, Frau Schlipfer, ich hole die Beiden. Aber wie gesagt, ein wenig Abstand am Anfang ist besser."

Eine Minute später waren zwei Führ- und eine Flexileine so dermaßen ineinander verwickelt, dass nur noch abschnallen half und selbst der Mich-bringt-nix-auf-die-Palme-Magnus genervt dreinschaute.

Das allgemeine Wirrwarr nutzte Gioia für einen Balduin-Body-Check, den der adrenalingeladene Teckel, wenn überhaupt, nur im Unterbewusstsein wahrnahm.

„Ich schlage vor, wir laufen los. Dann entspannen sich die Hunde und haben etwas zu tun. Einverstanden?", versuchte ich die Situation und meine Laune wieder unter Kontrolle zu bekommen.

Das Schlipfer-Lächeln unter der Hornbrille blieb unverändert gutmütig.

Frau Schlipfer möchte, bevor es so richtig losgeht, noch notiert wissen, dass sie mit ihrer künstlichen Hüfte nicht weit laufen kann. Sie hätte zwar gelesen, dass die Tour zwei Stunden dauert, aber das könnte doch sicher auch abgekürzt werden. Außerdem würde sie sich zwischendurch gerne zum Kuchen genießen niederlassen. Es gäbe doch zweifelsfrei unterwegs ein gemütliches Café oder etwa nicht? Und Zeit habe ich doch gewiss mitgebracht, nicht wahr? Und wie wunderbar, dass wir nur zu Dritt seien. Das passe doch prima.

Ich hatte noch exakt 1 Stunde und 43 Minuten für dieses Ehepaar reserviert.

Ohne Kuchen.

Ohne Kaffee.

Ohne Nachschlag.

„Frau Schlipfer, sagen Sie einfach Bescheid, wenn wir zu schnell unterwegs sind oder Sie eine Pause brauchen, ja? Allerdings habe ich über die geplanten zwei Stunden hinaus leider keine Zeit heute. Der nächste Termin wartet bereits. Wir können die Tour aber so laufen, dass wir am Ende an einem schönen Café sind, an dem ich Sie dann verabschieden kann. Was halten Sie davon?"

Davon hielt Frau Schlipfer gar nichts.

„Ne, ich will schon alles sehen, was wir gebucht haben. Und Balduin auch, nicht wahr, Balduin?"

Balduin war gerade dabei, an entspannter Flexleine bei meiner Hündin nachzufragen, ob sie nicht doch Freunde sein möchten.

„Frau Schlipfer, könnten Sie Balduin bitte etwas kürzer nehmen."

„Warum?"

Gioia lehnte Balduins Angebot undankbar ab.

„Darum."

„Huch", bei Frau Schlipfer. „Ist ihre Hündin immer so aggressiv?"

„Sie mag keine distanzlosen Hunde."

„Balduin ist doch nicht distanzlos. Er will nur Guten Tag sagen."

„Gut. Dann mag sie das offensichtlich auch nicht. Aber im Gehen wird es besser. Wollen wir dann mal loslaufen? Dort hinten wartet schon das nächste Highlight auf uns: die Wagenburg ‚Kreuzburg e. V.'"

Endlich waren wir in Bewegung. Slow Motion, aber immerhin. 100 Meter in drei Minuten. Magnus hatte mit seinen langen Beinen erhebliche Probleme, einzelne Pfoten so lange in der Luft zu halten, dass er nicht ständig zwei Nasen voraus und im Zug gegen die Leine war. In dem Tempo würden wir es in zwei Stunden noch nicht einmal ein einziges Mal um den Platz geschafft haben. Was hatte sich das Ehepaar bei der Buchung nur gedacht? Und was wäre gewesen, wenn ich heute eine Gruppe von vier oder fünf Sightseeingwütigen beisammen hätte? Hätten die auf Händen laufen sollen, um in Gleichtakt zu kommen? Manche Menschen denken keinen Zentimeter im Voraus. Und mir ist es eindeutig zu unangenehm, das anzusprechen. Und das ärgert mich vermutlich am meisten.

An der Wagenburg versuchte ich meinen Text an das Ehepaar zu bringen, während Balduin ganz eigene Geschichten zu erzählen hatte. Herr Schlipfer gab den Interessierten, Frau Schlipfer kämpfte mit der Flexleine. Von außen betrachtet, gaben wir sicher ein lustiges Bild ab. Gott sei Dank waren wir in Berlin. In einer Stadt, in der Menschen im Bademantel zum Bäcker gehen, in der Nackte auf dem Fahrrad die Siegessäule umrunden, in der Selbstverwirklicher in Morphanzügen Menschen auf den Linden erschrecken und in der in den Parks geknutscht, gekifft und gekackt wird, waren wir nicht mehr als ein Schmunzelmoment, eine Randnotiz.

Mir war allerdings gar nicht zum Schmunzeln zumute. Das würden insgesamt vermutlich die längsten zwei Stunden meines Lebens werden. Einzig die Wurzelspitzenresektion bei meinem Zahnarzt vor drei Jahren könnte das Event hier in Sachen gefühlter Länge toppen. Wir umrundeten, versunken in der Entdeckung der Langsamkeit, das Martha-Maria-Haus. Die Fassade war, typisch Kreuzberg, runtergerockt, mit Graffiti verziert und Plakaten dekoriert, die Szenen von damals zeigten. Szenen der 60er-Jahre; einer Zeit, in der es nicht nur in Kreuzberg hoch herging. Ton – Steine – Scherben, Rio Reiser, Hausbesetzer, Rudi Dutschke und Kommune 1 waren Begriffe, die ich gutgelaunt in meinen Text einfließen ließ. Und wenn ich richtig lag, waren Herr und Frau Schlipfer in den 60ern genau im richtigen Alter, um mittendrin statt nur dabei gewesen zu sein.

„Haben Sie die 60er-Jahre auch so aufregend erlebt?“, fragte ich in die Runde.

Herr Schlipfer setzte zur Antwort an.

Frau Schlipfer war schneller. „Also ganz ehrlich habe ich von Ton und Sterben noch nie etwas gehört. Was soll das gewesen sein? Rio Reiser kommt mir irgendwie bekannt vor. Das war doch der Künstler, dem die Putzfrau was vom Boden aufgewischt hat, was eigentlich zur Ausstellung gehörte.“

So ähnlich.

„Damals war so viel los, da kann schon mal etwas durcheinandergeraten“, begann ich, das kulturelle Chaos zu sortieren. „Also der Künstler, von dem Sie sprechen, war Joseph Beuys und die Putzfrau wischte eine Badewanne sauber, was sie eigentlich nicht sollte. Rio Reiser war der Sänger der Band Ton – Steine – Scherben. Sie lebten in den 60er-Jahren in Berlin und sorgten mit ihren Liedern immer wieder für Aufruhr. Bei Demonstrationen und Hausbesetzungen waren sie nicht selten das musikalische Rahmenprogramm. Vielleicht kennen Sie von Rio Reiser ja den Song ‚König von Deutschland‘?“

„Ist der nicht von Roland Kaiser?“

Balduin kannte weder Rio Reiser noch Roland Kaiser. Er war ganz in seinen Auftrag, neue Freunde in Berlin zu finden, versunken. Rund um die Wagenburg stehen Jahr für Jahr Wohnmobile aus aller Herren Länder. Alternativ gestylte Jugendliche und Menschen, die nicht alt werden wollen, campieren hier auf offener Straße. Die Etikette verlangt pro Fahrzeug mindestens einen Hund. Die Vierbeiner liegen tagsüber bei gutem Wetter halsbandlos auf dem Gehsteig herum, drehen hin und wieder eine Runde durch den Kiez und kehren wieder zu ihrer Familie zurück.

Es ist tagsüber.

Es ist gutes Wetter.

Die Flexleine war entkoppelt, genau wie Balduin. Er sprang zwischen die schlafenden Hunde wie ein Selbstmörder auf Speed.

„Frau Schlipfer, möchten Sie Balduin vielleicht ein wenig zurücknehmen? Man weiß nicht, wie die Hunde reagieren."

„Na, das ist doch unglaublich, dass die hier einfach so rumliegen. Wem gehören die denn? Das darf doch wohl nicht wahr sein. Balduin, sei artig! Balduin, komm zurück! Balduin, brav! Balduin hier!"

Balduin konnte sich offenbar nicht entscheiden, welchen Befehl er zuerst befolgen sollte und entschloss sich kurzerhand, alle gleichermaßen zu ignorieren. Stattdessen ging er einer blonden Mischlingshündin, die faul auf der linken Seite lag, extrem auf die starken Nerven. Die Hündin blickte kurz auf den um sie herum hopsenden Balduin und legte den Kopf wieder ab.

Balduin gab jedoch so schnell nicht auf. Er kratzte ihr mit der Vorderpfote an der Nase, schnüffelte fast zeitgleich an ihrem Hinterteil und schien überall zu sein. Die Hündin hob erneut ihren Kopf und gleichzeitig die Lefzen.

„Frau Schlipfer", versuchte ich es erneut, „das gibt gleich Ärger."

Herr Schlipfer öffnete zum ersten Mal, seit wir uns begegnet waren, die hinter dem Rücken verschränkten Arme, was für seine Verhältnisse einem emotionalen Ausrasten gleichkam.

Frau Schlipfer war von den Qualitäten ihres Balduins überzeugt. „Balduin hatte noch nie Ärger mit anderen Hunden. Nur mit der Hündin von unserem Nachbarn. Aber die ist auch schwierig."

Okay. Sie hatte die kleine Korrektur von Gioia vor wenigen Minuten offenbar bereits vergessen.

„Vielleicht ist die Hündin hier auch schwierig. Das wissen wir doch nicht."

Bevor wir eine Antwort auf diese Frage bekamen, schlüpfte ein mit Dreadlocks auf 20 getunter, ca. 45-jähriger Mann aus dem Campingmobil und schlenderte entspannt barfuß, mit Joint im Mundwinkel und Bier in der Hand auf Balduin zu. Mit der freien Hand schnappte er das Dackelchen am Geschirr, hob ihn an und drückte ihn der extrem verdutzten Frau Schlipfer in die Arme.

„Ditt nervt. Ick bin grad so jut druff. Gehn'se besser ma weiter mit ihrem Junkie, bevor meiner Gipsy noch die Krawatte platzt. Nix für unjut, wa. Schönen Tach die Herrschaften."

Sprach's und verschwand wieder im Camper.

Reine Körperbeherrschung, dass ich nicht lauthals in Lachen ausbrach.

Der Blick von Frau Schlipfer. Unbezahlbar.

Der Blick von Herrn Schlipfer. Unbezahlbar.

Und Balduin?

Sensationell.

Nach einer kurzen Atempause fing er an zu strampeln, zu kläffen und sich aus der Umklammerung zu befreien. Kaum auf dem Boden angelangt, versuchte er, diesem wunderbaren Mann in den Camper zu folgen. Ich konnte nur mühsam den gleichen Wunsch unterdrücken.

Das war offensichtlich ein Typ ganz nach Balduins Geschmack. Und Balduin machte ganz den Eindruck, als wollte er den Rest seines Lebens mit genau diesem Typen verbringen.

Nachvollziehbar.

Absolut nachvollziehbar.

Wenn man sich die Hündin anschaute, die immer noch komplett entspannt dalag, so schien in diesem Rudel vieles gut und richtig zu laufen.

Wenige, aber sehr deutliche Regeln, zielgerichtete Kommunikation und Konsequenz. Und das alles erlaubte ein Höchstmaß an Freiheit und Entspannung.

Um frei Anton Fichtlmeier zu zitieren, muss ein Hund nur zwei Dinge auf Kommando können.

1. Verlässlich kommen, wenn ich ihn rufe.

2. Sofort mit dem aufhören, was er gerade tut.

Wenn beides klappt, kann der Hund Freiheit genießen. Ganz ohne Sitz, Platz, Bleib.

Balduin genoss weder ein Höchstmaß an Freiheit noch ein Höchstmaß an Erziehung. Das einzige Höchstmaß war nach wie vor die bis zum Anschlag ausgereizte Flexleine.

„Wollen wir vielleicht weitergehen?", versuchte ich das Ehepaar aus der Starre zu befreien.

Frau Schlipfer schien tatsächlich sprachlos, was wiederum ihren Mann sehr verunsicherte.

„Los, wir gehen weiter", brachte ich etwas mehr Schwung in die Stimmung.

Wir setzten uns erneut in Bewegung und tauchten kurz danach im Engelbecken ab. Das Café am Ende des Wasserbassins hatte geöffnet.

„Oh, das ist aber hübsch hier. Da ist auch ein Tisch frei. Herbert, wir trinken hier einen Kaffee. Die haben sicher auch Kuchen. Frau Knies, kommen Sie mit?"

„Äh…ich möchte wirklich nicht unhöflich sein, aber wir haben noch nicht einmal die Hälfte der Strecke hinter uns gebracht. Wenn wir jetzt schon Pause machen, werden Sie in zwei Stunden nicht viel sehen."

„Das ist nicht schlimm", beruhigte mich Frau Schlipfer. „Ich befürchte, die Tour ist nicht das Richtige für unseren Balduin. So viel Aufregung tut ihm gar nicht gut. Wir werden es ruhiger angehen lassen. Vielen Dank für Ihre Bemühungen."

Mit diesen Worten drückte mir Frau Schlipfer das Tourgeld plus 5 Euro Trinkgeld in die Hand und machte sich mit Herbert und Balduin auf ins Café.

Verdutzt blieb ich noch einen Moment stehen und blickte den Dreien nach.

Dann ging ich den Weg zurück, den ich gekommen war und reichte im Vorbeigehen den Fünf-Euro-Schein an die Dread Locks weiter.

„Wofür is ditt denn?“

„Du hast mir den Tag gerettet.“

Leckerli

Eine Mutter mit Kinderwagen
„Nehmen Sie bitte ihren Hund an die Leine!“
„Warum?“
„Er kann beißen!“
„Es ist nicht jeder Hund ein Killer, nicht jede Mutter eine Zicke und nicht jeder Moslem ein Terrorist!“

Hinterm Zaun

Meine Hündin ist eine Brackenmixdame, die ihre Jugend erfolgreich auf den Straßen Sardiniens verbracht hat. Sie konnte sich ernähren, fand einen passablen Partner, zeugte noch passablere Welpen und begab sich mit ihnen in die vertrauensvollen Hände von Tierschützern, um den Gefahren der Straße zu entgehen. Als es ihr im Tierheim sowohl zu laut als auch zu langweilig und die Kinder flügge wurden, blinzelte sie niedlich ins Internet und ich kam, sie zu holen. 2010 zog sie bei mir ein und das Drama begann. Ich brauchte nicht lange, um die Vorlieben und Neigungen dieser Hündin herauszufinden. Fressen, am liebsten vom Asphalt. Und Jagen. Sechs Jahre später kennen wir jedes der zahlreichen Hauptstadtwildschweine mit Vornamen.

Okay.

Wir ist übertrieben.

Sie.

Wildschweine stehen in Berlin hinter jeder Kurve, an der es mehr als drei Bäume gibt. So ist auch das größte Hundeauslaufgebiet der Stadt, Deutschlands, ach Europas voller Schwarzwild. Was für ein Spaß im Grunewald. Die massenhaft angekarrten Hunde interessieren meine Spurexpertin äußerst peripher. Kriecht ihr jedoch der Geruch von Wild in die Nase, schaltet sie sofort um. Zunächst auf Taubheit und Nanosekunden später auf Verfolgung. Im heutigen Fall ging die Jagd wenige Meter hinter einem durchlässigen Zaun zu Ende. Der vierbeinige italienische Sopran nahm vor einem Gebüsch Aufstellung und fing an, das blattverhüllte Tier dort drin zu verbellen. ‚Bracke an Bache, Bracke an Bache: Renn weg.'

Von wegen. Berliner Wildschweine sind cool. Und Hunde gewohnt. So rührte sich null Komma nichts unter dem Geäst hinter dem Zaun. Meine Hündin war nur wenige Meter entfernt und der Zaun nicht mal einen Meter hoch. Dennoch kam ich nicht ein einziges Mal auf die Idee, rüber zu klettern und den durchgeknallten Vierbeiner zu holen. Vielmehr war ich sehr kreativ und vor allem blitzschnell, sobald sich Spaziergänger näherten. Entweder verschwand ich schnell um die nächste Ecke. Oder ich ging kopfschüttelnd an dem Zaun vorbei, als wäre ich erschüttert, was es für Hunde gibt, mit denen ich selbstverständlich nichts zu tun hatte, war die Leine doch längst in meiner Tasche verschwunden.

Mitunter blickte ich mich auch suchend nach dem vermeintlichen Halter des Heulers um, zuckte die Schultern und ging weiter. War die Luft rein, kehrte ich zurück und brüllte mit.

Den gleichen Effekt hätte ich erzielt, wenn ich Watte geworfen oder Socken gestrickt hätte. Meine Hündin bewegte sich keinen Zentimeter in meine Richtung und hörte auch nicht eine Sekunde auf zu bellen.

In einem unbedachten Moment geschah es. Ich hörte nicht weit weg von meinem Nacken ein ernstzunehmend echauffiertes: „Ist das ihr Hund?"

Der Schreck, die Mittfünfzigerin im vielfach roten Strick übersehen zu haben, zwang mich zur Wahrheit. „Ich befürchte: ja!"

„Na, dann holen sie ihn da raus."

„Sie."

„WAS? ICH?"

„Nein. Der Hund. Es ist eine sie."

„Das ist doch wohl egal."

„Stimmt."

Wir guckten beide auf das bellende Tier. Der rote Strick ziemlich wütend. Ich ziemlich resigniert.

„Na, nun machen sie schon", zischelte die Dame neben mir.

Okay. Ich bin in einer wirklich schlechten Verhandlungsposition. Und ich toleriere das Verhalten meiner Hündin nur aus Mangel an Alternativen.

Also versuche ich es zunächst mit Höflichkeit, ein wenig Bedrücktheit und dezenter Heuchelei. „Ja, wenn ich nur wüsste wie."

Die Dame zeigte sich unbeeindruckt. „Na, rufen Sie ihren Hund halt."

„Mensch. Da bin ich ja noch gar nicht drauf gekommen. Sie kennen sich mit Hunden aus. Donnerwetter." dachte ich. Eindeutig zu laut. Die Dame sah nicht entspannter aus. Ihre Worte wurden nicht freundlicher. Sie schrie, auch um das Gebell meiner Hündin zu übertönen, mich an. „Sie holen ihren Hund da jetzt raus. Sonst rufe ich die Polizei."

Wunderbar.

Ditt is Berlin.

Oder sind ditt die Wechseljahre.

Gleich mit der Keule umme Ecke kommen.

„Rufen sie lieber das THW. Die können hier sicher besser helfen."

Das rote Stricktuch holte tatsächlich das Handy aus der Tasche und wählte die 110.

Sie hörte mir nicht mehr zu, sondern war schon dabei, die Situation dem Beamten am anderen Ende der Leitung zu schildern.

Und Gioia bellte unbeirrt weiter, so dass an dem Wahrheitsgehalt der Geschichte nicht gezweifelt werden musste. Der letzte Satz der Denunziantin gab mir Hoffnung. Sie legte auf mit den Worten: „Ich sage es ihr."

„Na? Was sollen Sie mir sagen!"

„Dass Sie ihren Hund dort rausholen sollen."

„Na, dann mal los."

„Was?"

„Sagen Sie es mir."

„Sie wollen mich wohl veräppeln. Jetzt HOLEN SIE ENDLICH IHREN HUND DA WEG."

„Das würde ich ja wirklich gerne, aber ich weiß nicht wie. Wollen Sie es mal versuchen?"

Die Dame schnaufte, machte auf dem Absatz kehrt und stapfte davon.

„Ich hole den Förster", warf sie noch über die Schulter und verschwand hinter der Kurve.

Mir wurde schlecht.

Ich wurde blass.

Die Knie begannen zu zittern.

Ich hatte 2016 mit den für den Grunewald zuständigen Förster zu tun zu bekommen, da hörte der Spaß auf. Er war berühmt. Er war berüchtigt. Und er war bestimmt bewaffnet.

Ich hechtete so dicht an den Zaun, wie es ging, fixierte meine Hündin und brüllte sie an „Hast Du gehört? *SIE HOLT DEN FÖRSTER!* Jetzt komm endlich raus da. *WIR HABEN EIN ECHTES PROBLEM.*" Ein letztes heiseres Bellen tropfte durch ihre Lefzen. Dann trottete sie mit einem sehr zufriedenen Blick zu mir und wir verließen den Wald.

Immer Richtung „weg vom Forsthaus".

Leckerli

„Rufus, hier her."
Rufus dreht eine große Volte.
„Ach so. Rufus, direkter Weg."

Aqua Junkie

Mein Telefon klingelt. Das Display verkündet glaubhaft, dass meine Freundin Karina anruft. Karina ist Dogwalkerin und spaziert von montags bis freitags mit sechs bis acht Hunden plus zwei eigenen durch die Berliner Hundeauslaufgebiete. Witzigerweise kennt der ewige Klugscheißer Wikipedia den Begriff „Dogwalker“ nicht. Obwohl die Branche boomt. Das Geschäft mit dem Geschäft ist zweifelsfrei aus Amerika herübergeweht. Vor Jahrzehnten kamen die ersten Bilder in Deutschland an, auf denen ein Mensch mit zehn oder mehr Hunden an der Leine im Central Park abgelichtet wurde. Staunend starrte das deutsche Herrchen oder Frauchen auf das Bild, versuchte durch die Leinen zu zählen und sich gleichzeitig die Frage zu beantworten, was mit dem eigenen Hund nicht stimmte, da es mit der Leinenführigkeit… ach, reden wir nicht drüber.

Karina hat ihre Hunde wunderbar unter Kontrolle und daher dürfen sie auch frei laufen.

„Hallo Karina!"

Undefinierbare Geräusche dringen aus dem Hörer.

„Karina? Alles okay?"

„…"

„Karina? Sag mal, weinst Du?"

Es prustet. Es schnieft. Es zieht die Nase hoch. Ich bringe den Hörer auf Abstand zum Ohr.

„Sag mal, geht's noch?", rufe ich.

„Sorry, Melanie…aber ich (Lachen), ich muss Dir was erzählen. Du ahnst nicht, was gerade passiert ist"

„Da könntest du Recht haben."

„Sorry Melanie, warte… ", es hustet, „… so, jetzt aber."

„Leg los."

„Ich habe heute als Urlaubsvertretung eine Hündin von Nadine aus der Gruppe mitgenommen. Ein Retrievermädchen."

„Wahnsinnsgeschichte."

„Warte. Kommt doch noch."

„…"

„Also das Blonde ist extrem wasserverrückt."

„Das ist ja sehr ungewöhnlich für einen Retriever", schmunzel ich in den Hörer.

„Ne, ne. Die ist weit drüber. Selbst für einen

Retriever ist DAS nicht normal."

„Okay. Weiter."

„Wir waren in der Wuhlheide am See. Und dummerweise war da heute ein riesiges Filmset für irgendeine Serie aufgebaut."

„Oh, oh."

„Genau. Ehe ich gucken konnte ist Emma, so heißt die Dame, aus dem Auto raus, den Weg runter, einmal durch das Filmset, durchs Catering durch, hat alles umgeschmissen, die Beleuchtung gerissen, ist dann ins Wasser rein, aus dem Wasser raus, hat auf dem Rückweg alles angesprungen, alles angesabbert, alles angeknabbert im völligen Taumel der Glückseligkeit."

„Und was hast Du gemacht."

„Na, was glaubst Du denn? Ich bin an den einzigen Tisch, der noch stand, hab mir eine Lachsschnitte genommen, den Regisseur angelächelt und gefragt: „Was geht so, Alter?"

„Im Ernst jetzt?"

„NATÜRLICH NICHT. Ich bin Veganer. Ich stand oben auf dem Weg und habe nur gebrüllt."

„Hat es geholfen?"

„Siehe oben."

„Ja und dann?"

„Dann bin ich runter, durch den ganzen Schlamassel durch und habe versucht, das berauschte Vieh zu fangen."

„Und?"

„Irgendwann, als sie nach dem vermutlich zwölften Schnittchen schnappte, hatte ich sie am Halsband und habe mir überlegt, was a) meine

Versicherung sagt, b) wie viele Jahre es dauert, bis ich den Schaden abgestottert habe und c) wie ich ungesehen davonkomme."

„Weiter", dränge ich.

„Du, als ich hochgucke, sehe ich, dass das komplette Kamerateam Tränen lacht."

„Offensichtlich RTL2, wenn die so was witzig finden."

„Ganz ehrlich, mir völlig egal. Ich musste weder meine Daten aufsagen noch meinen Ausweis vorzeigen. Und Emma lebt auch noch. Der Beleuchter hat sogar ein Foto von ihr gemacht."

„Unglaublich."

„Absolut. Unglaublich. Da legt dieser Hund innerhalb von zehn Minuten ein komplettes Filmset in Schutt und Asche und die Leute lachen drüber."

Leckerli

Eines Morgens beim Joggen kommen wir am Ende des Weges an einem Baum vorbei, der gerade von einem älteren Herrn angepinkelt wird. Ich sach „Magnus, geh da nicht hin, sonst kriechste noch was aufn Kopp!"
Gioia aber geht hin, stellt sich neben den Pinkelnden, wartet, bis der Mann fertig ist, hockt sich hin, pinkelt drüber, scharrt und trabt an mir vorbei mit dem Blick „Das war eigentlich Deine Aufgabe!"

Wenn der Körper spricht

Eurythmie kommt aus dem Altgriechischen und setzt sich – grob gesagt – zusammen aus eu: gut, richtig und Rhythmus: richtiges Verhältnis, Ebenmaß, Wohlklang. Eurythmie ist die Kunst der Bewegung, expressionistisch, darstellend, ausdrucksstark. Waldorfschüler wissen, wovon hier die Rede ist. Und es darf sich berechtigt die Frage stellen, ob Menschen, die ihren Namen tanzen können, besser mit Hunden umgehen können. Ganz im Ernst.

Der canis lupus familiaris ist, und da können wir alle sehr dankbar sein, in seinem Verhalten extrem elastisch, oft nicht nur anpassungsfähig, sondern auch anpassungswillig. Wir erwarten von ihm, dass er unsere Sprache in seine übersetzt. Dafür ignorieren wir im Gegenzug gerne seine Botschaften. Sie landen wie Junkmails in unserem Spam-Ordner. Unverstanden. Ungelesen. Gelöscht.

Stattdessen quatschen wir unsere Vierbeiner zu. „Kannst Du das mal *bitte* sofort sein lassen?", ist keine Frage, sondern ein Befehl, ebenso wie: „Was machst Du da, um Gottes Willen?"

„Halt still."

„Geh da weg."

„Nicht so weit vorlaufen."

„Nicht so schnell, geh mal langsamer."

„Warum hast du es heute so eilig?"

„Wo willst du denn hin?"

„Lass das mal besser, sonst gibt es Ärger."

„Einmal noch so eine Aktion und ich bin ernsthaft sauer."

„Wehe, Du gehst aufs Sofa."

„Schön artig sein."

„Du musst doch keine Angst haben."

„Uschi, komm nach die Oma."

Und nun geschieht das wirklich Wunderbare. Unsere Hunde, die 24 Stunden am Tag nichts anderes zu tun haben, als uns zu lesen, tun eben genau und oft oder zumindest hin und wieder das, was wir mit unserem endlosen Gesabbel nicht zum Ausdruck bringen. Sie kommen. Sie bleiben stehen. Sie drehen sich um. Sie fragen sich, ob es uns noch gut geht. Dass eine Kommunikation, die ausschließlich auf die Bedürfnisse des Senders/Hundehalters ausgerichtet ist und wenig bis gar nicht auf den

Empfänger/Hund, kann nicht zuverlässig sein. Aber für viele Hundehalter ausreichend.

Sehr zuverlässig wird es jedoch, wenn Hund auf Hund trifft. Hier lehnt der Mensch die Verantwortung für „das Gespräch" gerne ab und zieht sich hinter die allgemein übliche „Die machen das unter sich"-Regel zurück. Und wenn es schief geht, ist der andere Hundehalter Schuld, der seinen Hund offensichtlich überhaupt nicht im Griff hat. Dann begeben sich zwei Menschen, emotional erregt, in die Kommunikation und die Aussage meiner Hundetrainerin wird zur traurigen Wahrheit. „Der schlimmste Feind eines Hundehalters ist ein Hundehalter." Das gemeinsame Interesse, der Vierbeiner, wird zum Streitpunkt, an dem sich nicht nur die Geister, sondern auch oft die Wege scheiden. So geschehen an einem kühlen Morgen im Juni irgendwo in einem Park in Berlin.

Ich laufe mit Magnus und Gioia gedankenverloren, aber offenen Auges einen Weg entlang. Meine Hunde sind im Erstkontakt verhaltensoriginell, so dass ich immer zusehe, die Moderatorin jeglichen Erstkontaktes zu sein. Vor uns kreuzt ein Zufahrtsweg. Dort möchte ich rechts abbiegen, eine Gartensiedlung durchqueren und am Kanal wieder nach Hause laufen. Auf dem Weg parkt ein Wagen. Eine junge blonde Frau steigt aus und mit ihr fünf windhundähnliche, aufgeregte Vierbeiner, die sich sofort in alle Himmelsrichtungen verteilen. Ich nehme meine Hunde an die Halsbänder, die sich zufällig gerade in der Nähe meiner Hände befinden. Man kann auch mal Glück haben. Die Rute meiner Hündin steht bereits unter Spannung, während der Rüde, wie immer, sich das Treiben gechillt anschaut. Ich versuche, Blickkontakt zu der Herrin des Rudels aufzunehmen. Sie telefoniert, schaut auf den Weg, schlendert mir entgegen und sieht mich nicht, während ihre Hunde rechts und links um uns herum wuseln.

Okay. Zugegeben. Ich komme nicht gut damit klar, ignoriert zu werden.

Und wenn Menschen in Berlin glauben, ich betone: in Berlin, sie wären alleine auf der Welt, zeugt das schon von sehr viel Vorstellungskraft.

Aber wenn ich mit zwei mittelgroßen Hunden auf einem breiten Weg in aller Helligkeit auf 20 Meter nicht wahrgenommen werde, dann wird es mir irgendwann zu blöd. Und da ich weiß, dass meine Hündin zwar unangenehm, aber nicht gefährlich werden kann, lasse ich sie zum „Aufräumen" frei.

Sie hüpft gut gelaunt herum und fängt an, den Verkehr zu regeln. Schreckgejaule beendet umgehend Frauchens Telefonat. Jetzt sieht sie mich nicht nur, sondern nimmt auch Kontakt auf.

„Hey, was soll das? Nimm' Deinen Hund zurück. Der greift an."

„Kennen wir uns?"

„Ne, wieso…man…ey…nimm Deinen Hund zurück."

„Warum duzen wir uns?"

„Man, jetzt nimm' Deinen Hund zurück."

„Ich habe die ganze Zeit gewartet, dass Sie ihre Hunde zu sich rufen, aber Sie haben ja nicht reagiert."

„Meine Hunde tun aber nichts."

„Deswegen sind sie aber nicht unsichtbar."

Ich biege mit Magnus am Halsband ein Stück vor der Frau links ab. Offensichtlich ist eine normale Unterhaltung nicht möglich. Dazu habe ich selbstverständlich meinen Teil beigetragen, aber es muss ja nicht noch schlimmer werden. Also gehe ich lieber weiter. Gioia hat inzwischen dem Rudel erklärt, dass sie seit Jahren hier in der Gegend patrouilliert und daher automatisch das Recht hat, vierbeinige Passanten zu kontrollieren und folgt uns.

Bevor es weitergeht und das tut es leider, noch einmal zusammengefasst, was bisher geschah: Fünf Hunden laufen frei um uns herum. Ich habe meine Hunde am Halsband, warte, suche den Blick der Besitzerin, damit sie ihre Hunde heran ruft. Diese telefoniert, sieht mich nicht. Ich lasse meine Hündin los, die im 5er Rudel Bescheid sagt, wer Herrin im Haus ist. Alle Hunde sind wohlauf, haben die Ansage akzeptiert und wuseln schon wieder.

Und dennoch. Hinter mir brüllt es:

„DU BLÖDE KUH!" (aus jugendschutzrechtlichen Gründen wurde die Originalbeschimpfung verwässert. Anm. d. Red.)

Nanu. Das grenzt jetzt aber an Respektlosigkeit.

Ich drehe mich um, lasse Magnus los und sage gut gelaunt „Na los, geh auch mal gucken."

Die Dame dreht nun völlig durch und versucht mit einer ganz eigenen Art der Eurythmie Magnus, der gutmütig auf sie zutrottet, zu stoppen.

Entschuldigung. Aber ich muss grinsen. Wie man die Körpersprache und damit die Intension eines Hundes so dermaßen fehlinterpretieren kann. Sensationell.

Magnus kann allerdings auch nichts mit dem Gezappel der Dame anfangen. Er kommt zügig zurück. Und die Dancing Queen wiederholt sicherheitshalber noch einmal ihre Beleidigung. Sicherheitshalber eine Oktave höher. Ich drehe mich noch einmal um und blicke geradewegs auf einen erigierten Mittelfinger und in ein wutverzerrtes Gesicht. Frustrationstoleranz ade.

„Pass mal auf, Blondchen, dass DU nicht gleich eine gepfeffert kriegst, damit DU wieder runterkommst."

Das war's.

Tilt.

Das Blonde dreht durch, keift, wütet und geifert hinter mir.

Und ich?

Ich tanze ein stummes, aber wunderschönes Arschloch und gebe jedem Hund einen Keks.

Leckerli

Hund hockt sich zum ‚Haufen machen' hin.
Frauchen schaut begeistert aus 50 Meter
Entfernung zu.
Wir kommen um die Ecke.
Frauchen hektisch: „Paul. Paul! PAUL!"
Im Vorbeigehen: „Abruf aus dem Kacken, das ist
aber schon höhere Disziplin, oder?"
Frauchen, verwirrt: „Eigentlich kann der alles."

Die Farbe Lila

Felix und Thomas sind Nachbarn. Begegnen sie sich auf der Straße, kommt es unweigerlich zu einem Gespräch. Entweder unter den Männern oder zwischen den Hunden. Oder beides. Felixs Hündin, Künstlername Miss Godzilla, ist ein schwarzes großes Wesen, das seinem Namen alle Ehre macht. Als Mensch würde sie ein T-Shirt tragen mit der Aufschrift: „Ich trage schwarz, bis es eine dunklere Farbe gibt." So kommen ihre Zähne gut zur Geltung, die sie gerne und viel zeigt. Vor allem anderen Hunden gegenüber.

Der Hund von Thomas hat nichts zu befürchten. Die Deutsche Dogge Hannes und Tess aka Miss Godzilla sind schon lange befreundet und laufen mitunter gemeinsam auf den Straßen

Kreuzbergs Patrouille.

Es ist Freitagmittag. Godzilla und Hannes trotten vorneweg über das Trottoir im Bergmannkiez. In den Seitenstraßen ist nichts los, die Uhrzeit gut gewählt. Die Rushhour der „Siehst Du mich?“ und „Ich bin auch hier“ setzt erst später ein.

Felix und Thomas unterhalten sich. Die Themen wechseln zwischen Hund und Garten. Heute ist der Garten dran. Gerade, als Felix Thomas von seiner gewichtsgewaltigen Zucchiniernte berichten möchte, biegt auf circa 100 Meter 12 Uhr eine Dame um die Ecke, wie sie nur in Berlin vorkommen. Geboren nicht weit nach der Jahrhundertwende, trägt sie das Haar nicht nur blasslila gefärbt, sondern auch extrem weit hochtoupiert. Um das Konstrukt haltbar zu machen, war gewiss einiges an Haarspray notwendig. Allerdings ist diese Frisur perfekt, die riesigen pinkfarbenen Ohrringe zur Geltung zu bringen. Passend dazu trägt die Dame eine Kette, Ring und Halsband. Im Sonnenlicht glänzt das Bling Bling frech in die Landschaft.

Gezogen wird die Rentnerin von einem Yorkshire-Irgendwas-Mix, der tapfer vorgebeugt und windschnittig in der violetten Flexleine hängt und hechelt. Ein Hundetrainer sagte einmal in einem Seminar, er wettet, dass irgendwann Yorkshire-Terrier gezüchtet werden, die schon mit Flexleinen auf dem Rücken auf die Welt kommen. Dieses Exemplar könnte ein erster Prototyp davon sein.

Felix und Thomas signalisieren sofort mit der hundehaltereigenen Gebärdensprache, dass weder von ihnen noch von ihren Hunden Gefahr ausgeht. Zudem rufen sie Tess und Hannes zu sich ran. Und dennoch. Kaum sieht die Seniorin die Vierer-Kombo, geschieht, was geschehen muss. Ein Surren geht durch ihre Hand, die Flexleine schnellt zurück, der Yorki-Mix reißt die Augen auf, verlässt den Boden und fliegt gewagt, aber offensichtlich geübt rückwärts in die Arme seiner Herrin.

Respekt.

Als die Stilikone samt Hund auf Höhe von Felix und Thomas ist und mit ihren violett lackierten Nägeln den Schnabel ihres Minis zuhält, erklären die Beiden noch einmal in Lautsprache, dass von ihnen nichts zu befürchten war. Die Alte guckt amüsiert auf die Jungs, lächelt und spricht: „Nee, nee, junger Mann, ick hab keene Angst um meinen Köter. Ick hab Angst um Ihre!“

Leckerli

„Sie können Ihre Hunde ruhig loslassen. Meiner ist nett."
„Ja. Meine aber nicht immer."
„Ach, das macht nichts. Meiner kann das ab."

Bio to go

Pünktlich um 11.53 Uhr, als Feli das Tor zu ihrem Schrebergarten aufschließt und ihre beiden schwarzen Mischlingsrüpel den Rasen stürmen, kommt die Sonne heraus. Wunderbar. Das erste Wochenende im Mai verspricht viel. Feli setzt alle Hoffnungen auf zwei sonnige Tage, denn sie hat viel vor. Die Beete müssen gejätet, der Rasen gemäht, die Hecke gestutzt und das Haus grundgereinigt werden. Feli war über einen Monat nicht im Garten. Das merkt man auch den beiden Hunden an. Gustav und Hertha, die schwarzen Labradormischlinge, freuen sich wahnsinnig und haben offensichtlich mit dem Jäten schon angefangen. Feli überlegt kurz, ob sie gleich mit dem nutzlosen Rumgejaule Richtung Hunde anfangen soll, als ihr

Gartennachbar über die Hecke lugt.

„Feli, hallo, schön dich zu sehen. Geht's gut?"

„Hallo Robert. Ja, danke. Ich habe zwar einen Arsch voll Arbeit, aber mir geht es gut. Und das Wetter ist ja Bombe. Ich werde gleich loslegen."

Robert schaut zu dem schwarzen Fellballen, der durch das Blumenbeet kullert. Er grinst.

„Großflächig Estrich würde ich dir empfehlen. Aber dann bekommst du Ärger mit dem Colonel."

Colonel.

So wird der Vorsitzende des Gartenvereins hinter vorgehaltener Hand von den meisten Pächtern genannt. Matthias, alias Matze, alias der Colonel achtet peinlich genau auf die Einhaltung der Regeln. Wie viele Bäume, wie viel Gemüse, wie viel Rasen und wie groß das Haus – für all das gibt es Vorschriften und davor gibt es den Colonel.

Feli grinst gezwungen. Gustav und Hertha haben bereits ein Drittel der Frühlingsblumen niedergewalzt. Die Zeit von Leine und Pflock ist gekommen.

„Robert, wir sprechen später, ich muss die schwarze Pest andocken."

„Besser ist das. Ich bestelle heute Mittag noch Pizza. Morgen wird dann gegrillt. Soll ich dir eine mitbestellen? Spinat und Gorgonzola? Wie immer? Bleibst Du über Nacht?"

„Pizza ist eine gute Idee. Danke. Ja. Ich bleibe über… GUSTAV! Raus da! SOFORT!!!"

Robert dreht sich grinsend um und Feli rennt, die Rosen zu retten.

Eine Stunde später, das erste Beet ist wieder in einen passablen Zustand gebracht, mampfen Feli und Robert, das Gesicht in der Sonne, Pizza. Gustav und Hertha speicheln mit.

Als Pizza und Plausch beendet sind, geht Robert wieder in seinen Garten hinüber und Feli räumt den Tisch ab. Sie versucht mit Ach und Krach, die leeren Pizzaschachteln in den vollen Müllbeutel zu stopfen. Morgen, wenn sie wieder nach Hause fährt, muss sie unbedingt den Müllsack mitnehmen und zu Hause in der Tonne entsorgen. Für eine zweite Mülltonne im Garten ist Feli zu geizig, so dass sie schon öfter bei Wind und Wetter mit offenem Fenster nach Hause gefahren ist. War doch der Gestank aus dem blauen Sack im Auto nicht zu ertragen. Auch diese Mülltüte sammelt schon seit Wochen durchaus tapfer Stücke von Käse, diverse Pizzaschachteln und sonstige Essensverpackungen, volle, inzwischen blauschimmernde Kaffeefilter und die ein oder andere Nudelbox vom Chinesen. Geiz ist geil aber nicht appetitlich.

Bis Einbruch der Dunkelheit werkelt Feli im Garten. Dann verschlingt sie schnell zwei Stullen mit Wurst und Käse, gönnt sich ein Feierabendbier mit Robert und fällt um 21 Uhr todmüde auf die kleine Pritsche in ihrer Hütte. Gustav und Hertha scharren den letzten Rest Blumenerde auf ihren Kissen ab, drehen sich 18 x um die eigene Achse, bis sie auf die Matten plumpsen und kurz danach einschlafen. Im Schlaf scheinen sie zurück in den

Beeten zu sein und mit den Pfoten Unkraut zu jäten. Davon bekommt Feli nichts mehr mit. Sie schläft, wie nur ein Schrebergärtner schlafen kann – tief und fest.

Am nächsten Morgen werden die Drei von den Vögeln und den ersten Sonnenstrahlen geweckt. Gustav und Hertha drehen eine Erleichterungsrunde im Garten und verlängern ihre Nachtruhe um einige Stunden in der Sonne auf dem Rasen.

Nach einem sehr übersichtlichen Frühstück mit Kaffee und einer Scheibe Brot macht sich Feli wieder an die Arbeit. Sie hat sich entschlossen, bereits um 15 Uhr nach Hause zu fahren. Ein paar Freunde treffen sich am Abend und haben Feli eingeladen, dabei zu sein. Sie gibt Vollgas und hat um 15 Uhr die Beete fertig, die Hecke geschnitten und die Rosen gestutzt. Rasen und Haus müssen noch eine Woche warten.

Bevor Feli ihren Garten verlässt, wirft sie noch einen Blick in den Kühlschrank und räumt Dinge, die noch genießbar scheinen, in ihre Einkaufstasche und Dinge, die bereits in allen Spektralfarben leuchten, in die Mülltüte. Diese knotet sie fest zu und stellt sie in den Fußbereich des Beifahrersitzes. Zwei Hunde, eine Mülltüte und eine Fahrerin bekommt man nur mit einer guten Logistik in einen Polo Schrägheck. Feli verabschiedet sich von Robert und verspricht, in einer Woche auf jeden Fall mitzugrillen. Dann startet sie ihren roten Flitzer und düst nach Hause.

Die Hoffnung stirbt zuletzt, aber nach der dritten Runde um den Block gibt Feli den Versuch auf, einen nahen Parkplatz zu finden und stellt ihren Wagen einige Straßen entfernt von ihrer Wohnung ab. Sie schnappt sich den Müllsack, lässt Gustav und Hertha von der Rücksitzbank aussteigen und läuft gefühlte 20, realistische drei Minuten nach Hause. Dort stellt sie im Hof fest, dass die Mülltonnen mehr als voll sein. Ärgerlich, aber nicht zu ändern. Montag wird geleert. Mit dem Müll zurück zum Auto will sie nicht. Also nimmt Feli den Beutel mit in ihre Wohnung und stellt ihn hinter den Vorhang im Flur. Danach füttert sie Gustav und Hertha, geht duschen, schmeißt sich in eine frische Klamotte und ist ausgehbereit. Kurz bevor sie die Wohnung verlässt, bekommen die Hunde noch jeder einen Hühnerfuß, damit sie ein wenig zu kauen haben, während sie alleine bleiben.

Der Abend ist lustig, laut und lecker. Einige Biere und drei Stunden später schließt Feli ihre Wohnungstür auf. Hundepipirunde, Zähneputzen und ab ins Bett, so der Plan. Gustav und Hertha stehen – Überraschung – nicht hinter der Wohnungstür, um Feli zu begrüßen. Sie kann sich nur kurz darüber wundern, denn schon knallt ihr ein Geruch in die Nasenflügel, der das Essen des Abends im Magen be- und umrührt. Feli schlägt die Hand vor Mund und Nase. ‚Was ist denn hier los?' denkt sie noch, während ihr Schuh sich beim nächsten Schritt in etwas Weiches gräbt. Ihre freie Hand tastet zum Lichtschalter. Ein Hoch auf Energiesparlampen. So wird das Ausmaß der Katastrophe nur langsam heller.

Der Vorhang.

Die Mülltüte.

Die Hunde.

Feli schaut auf den Boden. Ihr linker Schuh steckt in einem Stück Schimmelkäse, der kein Gorgonzola, sondern ein colorierter, mittelalter Gouda ist. Der Weg über den Flur wird von Filtertüten, Kaffeesatz, blauen Plastikfetzen und Kartonschnipseln markiert. Im Wohnzimmer liegen Gustav und Hertha in ihren Betten. Ihre Augen sind voll einer Sorge, von denen ihre Ruten noch nichts mitbekommen haben. Diese schlagen vor Freude, dass Frauchen zu Hause ist, im Takt.

Feli blickt auf die schwarze Pest. Was ist nun richtig? Was falsch?

Schimpfen?

Loben?

Tierheim?

Der eine sagt so, der andere so. Auf jeden Fall wissen die Beiden, dass sie etwas grundlegend falsch gemacht haben. Sonst hätten sie an der Tür gestanden.

Feli entschließt sich für Ignoranz ist Dominanz und geht an den Hunden vorbei, um die Wohnzimmerfenster weit aufzureißen. Das gleiche macht sie mit dem Küchenfenster. Durchzug muss her, der Gestank muss raus. Dann macht Feli sich an die Arbeit und arbeitet systematisch die Müllspur ab. Sie wischt, sie rümpft die Nase, sie schrubbt, sie würgt, sie kratzt auf den Holzdielen, sie schnieft, sie füllt eine neue Tüte, sie flucht.

Nach 30 Minuten ist sie fertig. Sie schnappt sich Gustav und Hertha und die Mülltüte. Nun ist ihr völlig egal, wie voll die Tonnen sind. Die Tüte kommt weg. Heute Nacht noch.

Am Ende der kurzen Runde fügt Feli der überfüllten Mülltonne noch zwei Kotbeutel zu, die der Geruchsstruktur der Tonne eine ganz neue Nuance schenken. Dann geht sie in ihre Wohnung, schlüpft ins Bad und putzt sich die Zähne.

Sie ist müde.

Sehr müde. Im Bad hängt ihr Schlafanzug. Sie steigt hinein, macht das Licht aus und geht im Dunkeln hinüber ins Schlafzimmer.

Dort legt sich Feli ins Bett und kuschelt sich gemütlich in ihre knisternde Bettdecke, die sie feucht und nach Pesto riechend empfängt. Wie von einem Katapult geschleudert, ist Feli raus aus dem Bett. Sie schaltet die Nachttischlampe an.

Auf dem Laken, fein säuberlich unter dem Federbett drapiert, liegen schimmelige Joghurtbecher, Steakverpackungen mit anhaftender Marinade, Alufolie mit einem Hauch von Rinderleber – gut abgehangen – und Reste eines Grillkäses von Mitte April. Das Ganze wird umwoben von einem zarten Duft nach Knoblauchgarnelen.

Ignoranz ist Dominanz? Von wegen. Morgen wird sich Feli bei ihren Nachbarn für die nächtliche Ruhestörung entschuldigen. Morgen. Aber heute Nacht, jetzt, gleich…….

Leckerli

„Sie können ihre Hunde ruhig loslassen."
„Neee. Das mache ich lieber nicht."
„Warum nicht?"
„Die sind im Erstkontakt schwierig."
„Das ist nicht schlimm. Meiner kann ruhig mal einen Denkzettel bekommen."
„Sie offenbar auch."
„…?"

Das Ei des Emus – Facebooknotiz eines Frauchens

Wir waren dieses Wochenende im schönen St. Peter-Ording an der Nordsee. Tolle Ecke, viel Sand, Hunde gerne gesehen. Da es aber ausnahmsweise nicht um Vier-, sondern um Zweibeiner ging, musste die Räuberbande leider einige Zeit mit Stillsitzen und Klappe halten im Hotelzimmer, im Auto oder unter dem Restauranttisch verbringen. Man könnte auch sagen, es war ein Tag der Impulskontrolle, die Hand in Hand mit der Frustrationstoleranz einherging.

Aber auch ich bin nicht immun gegen das daraus resultierende schlechte Gewissen meinen Hunden gegenüber. Kurz nachdem ich Richtung Heimat aufgebrochen war sagte mir meine Navi-

Uschi, dass unsere Straße nicht nur am Deich, sondern auch direkt am Meer entlangführt. Ich konnte das aufgrund des zwar schönen aber auch schön sperrigen Deiches nicht sehen.

Dachte ich mir also: „Na gut, wenn sich hier gleich ein Parkplatz auftut, dann dürfen die Beiden sich noch mal kurz im Wasser, Schlick oder was auch immer hinter dem Deich auf uns warten möge, austoben. Dann fällt ihnen die stundenlange Heimfahrt leichter.

Böser Fehler!

Ich werde das nie wieder denken.

Es kam, wie es kommen musste.

Zunächst der Parkplatz.

Ich ließ die Hunde aussteigen und kletterte mit den beiden zusammen op de Deich.

Oben habe ich abgeschnallt.

Als ob sie es schon aus dem Auto geortet hätten, schießen beiden dermaßen schnell auf eine Stelle zu, dass ich weder „Hui" denken, noch „Halt" rufen konnte. Ich also gleich hinterher, um beide ungefähr 50 Meter weiter die Köppe zusammenstecken zu sehen. Als ich näherkam, erkannte ich, wie beide mit brauner Schnute sich großzügig benutztes Klopapier streitig machen.

Tosh ist zuerst vor meinem Donnerwetter abgehauen, bei Finja dauerte es ein wenig länger, sie dort zu vertreiben.

Diesen Moment hat Tosch wiederum für die nächste Aktion genutzt. Aus den Augenwinkeln sehe ich, wie er sich lässig über die Schulter abrollt und genüsslich hin und her wälzt.

Ich schaue und denke: „Wieso, um Himmels Willen, wälzt der sich auf einem Felsbrocken?“

Nur um, kaum zu Ende gedacht, zu erkennen, dass es sich mitnichten um einen Felsbrocken, sondern um den halbverwesten, aufgebrochenen Kadaver eines Seehundes handelte.

Während ich mir also den Knaben vorknöpfe – immer darauf bedacht ihn nicht anzufassen – sehe ich wiederum, wie Finja die Gelegenheit nutzt, irgendwelchen stinkenden Schmodder aus einem Ei zu schlürfen, das von der Größe her eigentlich fast keinem einheimischen Vogel zugeordnet werden kann.

Seit wann, in Gottes Namen, gibt es an der Nordsee Emus? Mein Hirn ist kurz vorm Kollabieren. Reizüberflutung und Angst vor der Rückfahrt machen sich breit.

Vier Stunden im stinkenden Auto habe ich genutzt, mir diverse Foltermethoden auszudenken.

Entschieden habe ich mich schlussendlich für ein ausgiebiges Vollbad mit Parfümseife. Pro Hund erquickende 20 Minuten.

Leckerli

„Das ist aber ein hübscher Kerl. Ist da Ridgeback drin?“

„Neee, der geht auch im Regen raus.“

Eine kurze Kurzgeschichte

Ein Morgenspaziergang im Revier vor der Haustür. Rund 110 Hektar pure Entspannung für mich und genau so viel Hektar pure Langeweile für die Vierbeiner. Hier kennen wir jeden Winkel. Das Spannendste in diesem Mischwald sind in Null-Komma-Nichts-auf-dem-Baum-entfleuchte Eichhörnchen. Meine Aufmerksamkeit schwindet von Schritt zu Schritt, während sich meine Hündin Pfote um Pfote zurückfallen lässt.

Ich drehe mich um.
Sie lächelt mich an.
Ich gehe weiter.
Ich drehe mich um.
Sie ist weg.

Und das nicht zum ersten Mal.

Die folgenden Leerzeilen sind für Leserbriefe gedacht. Wenn Sie jetzt den dringenden Wunsch verspüren, mir zu erklären, dass Hunde, die auf Trebe gehen, nicht von der Leine zu lassen sind, um der Umwelt ernsthafte Schäden zu ersparen und damit haben Sie ja völlig Recht, dann nutzen Sie den hier gebotenen Platz, lassen Sie alles raus und senden Sie Ihren Brief an:

Frau Ichweiß Ichweiß
Klugscheissergasse 99
12348 Cool-Berlin

Vielen Dank!

Ich gehe weiter.

In der Regel ist die Dame nach wenigen Minuten wieder da.

Heute nicht.

Nach gut einer Stunde entschließe ich mich, inzwischen sowohl an der Kreuzung nach Hause als auch in der Phase Wut angekommen, heimzugehen, in Ruhe und völliger Entspannung zu frühstücken und mir auf gar keinen Fall Sorgen zu machen.

Der Plan funktioniert bis zum Schuhe ausziehen und Kaffee kochen. Doch sobald die erste Tasse eingegossen ist, stehe ich am Fenster und starre hinaus. Alle 15 Minuten verlasse ich meinen Wachtposten, um sowohl die Haustür zur Straße als auch die zum Garten zu kontrollieren. Innerhalb von zwei Stunden schlendern vier Nachbarn unterhalb meines Fensters entlang, einer sogar dreimal. Warum ist der nicht arbeiten? Egal.

Nach 2 Stunden 38 Minuten und 12 Sekunden klingelt das Handy. Eine ältere, männliche Stimme ist dran.

„Vermissen Sie einen Hund?“

„Schmerzlich."

„Sie ist bei uns im Garten."

„Halten Sie sie bitte gut fest. Ich komme."

Der freundliche Mann gibt mir die Adresse. Meine Hündin ist Luftlinie keinen Kilometer entfernt. Vermutlich hat sie sich in Erinnerung an die guten alten Zeiten quer durch alle Mülleimer der Einfamilienhaussiedlung gefuttert.

Keine fünf Minuten später lege ich eine Vollbremsung vor dem Gartentor der Fundstelle hin. Ein älteres Ehepaar und meine freudestrahlende Hündin warten bereits auf mich.

Ich steige aus, grüße das Paar freundlich, greife beherzt in das Halsband des Hundes, dirigiere sie schnurstracks zum bereits offenen Kofferraum und sage „rein da" mit Ausrufungszeichen.

Dann drehe ich mich mit einer Schachtel Pralinen vom Beifahrersitz wieder zu dem älteren Ehepaar um. Im gleichen Moment blicken sich Mann und Frau an.

Schockiert.

Augen aufgerissen.

Lächeln weg.

Und es spricht der Mann zum Weibe: „Ich glaube, bei uns hatte sie es besser."

Leckerli

„Hast Du Dir jetzt eine Hundepfeife zugelegt?“
„Ja, aber die ist kaputt.“
„Wieso?“
„Selbst wenn ich 5 x pfeife, der Hund kommt trotzdem nicht.“

Malcolm

…erwacht!

Tatort: Sardinien

Zeit: irgendwann 2008

Tathergang: ein Welpe läuft herrenlos durch die Straßen auf der Suche nach etwas Essbarem, Tierschützer des Hundeheims „Il rifugio i fratelli minori" (dt.: Zuflucht der geringeren Brüder) greifen ihn auf, geben ihm den Namen Malcolm und bringen ihn in das Tierheim, in dem bereits um die 700 Hunde leben. Er kommt zunächst in das Welpengehege und wenige Monate später wird er in ein Erwachsenengehege umgelagert.

Danach wird er unsichtbar.

So könnte die Geschichte enden, bis Malcolm im Tierheim stirbt. Und selbst das würde nur seinen Betreuern auffallen. Die Welt dreht sich weiter. Mit oder ohne ihn.

Malcolm ist den Fängen dieses Schicksals entkommen, das hunderten von Hunden bevorsteht und schon bevorstand. Er hat es geschafft. Von den Gitterstäben Sardiniens auf die grünen Wiesen Hamminkelns.

Der Blick seiner wie mit Kajal umrandeten Augen ist mitten in das Herz von Lydia und Wilfried geschossen. Es hat genau eine unruhige Nacht gedauert, bis der Entschluss feststand, Malcolm ein Zuhause zu geben. Besser heute als morgen sollte er kommen, aber so schnell schießen die Preußen nicht. Und auch nicht die Hamminkelraner!

Ganze drei Wochen hat es gedauert bis Malcolm am 23. August 2010 auf dem Flughafen Köln / Bonn gelandet ist und von seinen neuen Besitzern in die Arme geschlossen werden konnte. Im wahrsten Sinne des Wortes, denn Malcolm war erstarrt. Er bewegte sich keinen Zentimeter vor Angst. Seine komplette Welt, die aus einem kleinen Gehege auf der Insel Sardinien bestand, war aus den Angeln gehoben.

Wie konnte das passieren? Was war hier los? Was tun?

Am besten erst einmal gar nichts. So geschah es, dass Malcolm die ersten Tage seines neuen Lebens getragen wurde. Vom Flughafen ins Auto, vom Auto ins Körbchen, vom Körbchen in den Garten und vom Garten aufs Sofa. Irgendwann fiel Malcolm auf, dass dieses Verhalten für einen ausgewachsenen Rüden etwas albern ist, und er entschloss sich, von nun an die Welt zu entdecken; an der Seite seiner neuen Hundefreundin und seinen neuen Rudelführern. Alle zusammen haben es geschafft, mit sanfter, aber konsequenter Führung Malcolm nach wenigen Tagen aus seiner Starre zu befreien und ihm die Gelegenheit gegeben, die Welt neu zu entdecken. Und das tut er nun.

Eine schöne Geschichte, die an dieser Stelle mit einem „und wenn sie nicht gestorben sind, dann toben sie noch heute" enden könnte, aber das würde ihr nicht gerecht werden. Denn die eigentliche Geschichte um Malcolm fängt vor seiner Einreise an. Sie beginnt in besagtem Hamminkeln, in dem zwei selbstlose und tierliebe Menschen sich entschlossen, in einer Zeit, in der man jeden Hund, den man sich wünscht, im Internet bestellen kann, einen Hund aus Italien zu adoptieren. In einer Zeit, in der skrupellose Tiervermehrer aus Kofferräumen heraus Hunde zu Schleuderpreisen anbieten. In einer Zeit, in der man für 50 Euro oder gar geschenkt einen Hund „organisieren" kann.

Lydia und Wilfried haben sich für Malcolm und für den italienischen Tierschutz entschieden und mussten sich damit von mir einige unangenehme Fragen gefallen lassen. „Können Sie denn für den Hund aufkommen? Wie oft gehen Sie mit dem Hund spazieren? Was darf der Hund bei Ihnen, und was darf er nicht? Möchten Sie eine Hundeschule besuchen? In welchen Verhältnissen wohnen Sie und dürfen wir mal vorbeikommen und uns das anschauen?"

Gut gelaunt haben beide auf alle Fragen bereitwillig Auskunft gegeben und selbst die Aussicht, eventuell einen kranken Hund zu bekommen, worüber ein Mittelmeertest Auskunft geben sollte, konnte von dem Vorhaben nicht abschrecken. Malcolm sollte kommen, komme was wolle.

Für seine Einreise war alles bestens vorbereitet. Das Körbchen stand im neuen Dekor bereit und das Sicherheitsgeschirr war bereits bestellt. Eigentlich war es auch schon geliefert, allerdings befanden sich in dem Paket Hundeschuhe, die für die Besteigung des Mount Everest gut gewesen wären. „Besser eine falsche Lieferung an Hundesachen, als eine falsche Lieferung an Hund", konterte Wilfried. „Stell Dir mal vor, in der Box ist nicht Malcolm, sondern eine deutsche Dogge!"

Dieser Humor begleitete die ganze Vermittlungsgeschichte. „Mein Mann läuft schon durchs ganze Haus und ruft „Malcolm, Malcolm" … Wir behalten den Namen Malcolm auch bei, denn wir haben uns schon so daran gewöhnt", berichtet Lydia noch weit vor der Ankunft des neuen Familienmitgliedes.

Zwei Tage vor dem großen Tag, an dem Malcolm in Deutschland landen wird, schreibt sie mir: „Mein Mann war heute extra noch beim Friseur. Und wenn Malcolm dann endlich da ist, bekomme ich vielleicht auch den Ohrwurm wieder aus dem Kopf. Sie kennen das Lied? ‚Ein kleiner Italiener…'. "

So schön kann Tierschutz sein.

Diese Geschichte ist nicht nur eine Geschichte für den Tierschutz, eine Geschichte gegen das

Wegschauen, eine Geschichte zum Aufwecken, zum Mitmachen, zum Helfen.

Diese Geschichte ist auch ein großes Dankeschön an Lydia und Wilfried und an alle anderen Menschen, die wie diese Beiden helfen, lieben, geben und opfern. Die nicht in kopflosem Aktionismus versuchen, Tiere zu retten und dabei mehr Schaden anrichten als Gutes zu tun. Lydia und Wilfried sind ein wunderbares Beispiel für…, ja wofür?

Lydia: „Habe das Buch von Cesar Millan („Tipps vom Hundeflüsterer“) jetzt bis zur Hälfte durchgelesen. Mir ist ja deutlich aufgefallen, dass die Probleme in den Beziehungen Mensch/Hund genauso sind wie bei Mensch/Pferd.

Es gibt Leute, die dichten den Pferden menschliche Eigenschaften an („der will mich nur ärgern…“), die Pferden keine artgerechte Haltung bieten („mein Pferd ist ein Turnierpferd, dass braucht/darf nicht auf die Wiese…“, aber dafür besitzt man immer die tollsten neuen Sachen und eine super Hänger etc.) und das mit der Dominanz („ich bin immer so nett und zuvorkommend zu meinem Pferd, und trotzdem beißt es mich…“). Und da ich von Kind an mit Pferden zu tun habe, könnte ich auch schon fast ein Buch über das schreiben, was ich erlebt habe. Dementsprechend finde ich es sehr interessant, diese Probleme mal gebündelt schwarz auf weiß zu lesen. Dann freue ich mich auf Montag und schaue mir jetzt noch mal die Bilder von Malcolm an.“

Ein wunderbares Beispiel für den Tropfen auf den heißen Stein, der aber mit einem sehr, sehr lauten Zischen nur schwer verdampft.

„Aber es war einfach nur so schön, wie er auf einmal ‚wach' wurde. Habe vor Freude direkt meinen Mann auf der Arbeit angerufen. War genauso begeistert. Als er ging, war Malcolm noch voller Angst, und eine Stunde später ein anderer Hund."

Danke!

Über die Autorin

Melanie Knies ist gebürtige Nordrhein-Westfälin, sozialisierte Niedersächsin, weit gereiste Europäerin und seit 2008 Wahlberlinerin.

Ihr erster Rüde Tayo war einer von vielen Hunden, der auf den Straßen Griechenlands lebte. Im Jahr 1999 kreuzten sich sein und Melanies Weg auf der Chalkidiki und verbanden sich zu einem. Acht Jahre später begrub Melanie ihren Hund eigenhändig unter einem Olivenbaum in Süditalien. Der Rüde war viel zu früh an Leishmaniose gestorben.

2010 zog die italienische Hündin Gioia in das frei gewordene Körbchen ein. Dieses stand inzwischen in Berlin. Vier Jahre lang bewegten sich der Brackenmix und Melanie Knies Seite an Seite durch die deutsche Hauptstadt und dabei immer entlang der Hundebranche. Es entstanden die Klugscheisser-Hundebücher, Abenteuer Gassi und Fitness Gassi.

2012 wurde aus dem Duo ein Trio. Der Schäferhundmix Magnus reiste ebenfalls aus Italien an und bezog eine Pflegestelle bei den Damen. Tadellose Führung, ein lustiges Wesen und eine attraktive Bauernschläue machten aus dem provisorischen Platz einen dauerhaften. Magnus durfte bleiben.

Wenn Melanie Knies nicht als Trainer arbeitet, Events organisiert oder Besucher durch die Stadt führt, dann schreibt sie. Folgende Bücher sind bei FRED & OTTO erschienen:

Das Klugscheisser-Hundebuch
Abenteuer Gassi –
Beschäftigung ohne Hilfsmittel
mit Hund
Umfang: 160 S.
ISBN: 978-3-95693-005-8
Preis: 12,99 €

Das Klugscheisser-Hundebuch Sport
Fitness-Gassi für Menschen
mit Hund
Umfang: 168 S.
ISBN: 978-3-95693-013-3
Preis: 12,99 €

Berlin mit Hund – Stadtwanderungen
Auf zwei Beinen und vier Pfoten durch die Hauptstadt
Umfang: 120 S.
ISBN: 978-3-95693-014-0
Preis: 9,99 €